啟發自性的具體方法

聖嚴說禪

MASTER SHENG YEN ON 100 CHAN PROVERBS

聖嚴法師——著

陳永模——繪

自序

禪非文字，所以是不能光靠嘴巴說的。

禪宗所留的語錄之多，能夠汗牛充棟，要傳遞有關於禪的消息，也不能不說話的。

禪的深度與廣度，要用真切的生活來體驗，禪的觀念與方法，要用簡樸的語文來表達。

到今（一九九六）年七月為止，二十年來，我在東西兩個半球，擔任禪七修行的指導老師，已有一百三十多場，直接跟我打過禪七的，已有來自世界各國七千多個人次，受我親授以及我的弟子們代授禪修課程的，已有三萬多人。

本書沒有教授禪修的方法，是用一百則禪語的解說，讓讀者們體驗禪修者的心境：遇到困頓逆境時，可以當作精神食糧；遇到煩惱痛苦時，可以當作清涼散；遇到無奈無聊時，可以當作避風港；遇到消沉落魄時，可以當作良師益友的鼓勵；遇到得意忘形時，可以當作緩和衝撞的手剎車。至於看了本書能不能開悟？那就要看各人的善根，也要問是開到什麼程度的悟了！

本書由於王曉寒先生的推薦，在《中央日報》的長河版，自一九九四年十一月開始陸續刊載，到一九九六年五月全部登完，偶爾也在《中央日報》的海外版轉載，受到不少讀者的讚歎，也引發了幾篇迴響的文章。

現在加上名畫家陳永模先生的十多幅插繪，合為本書，由法鼓文化及遠流兩家出版公司同步推出，以另一種嶄新的面貌與讀者們相見，能和更多朋友們廣結禪法因緣，我要在此一併致謝。

一九九六年六月二十九日序於紐約禪中心

前言

禪宗祖師們的一言一行，都充滿著智慧，不論正反，都能使你感受到寧靜、和諧、安慰、踏實、積極、安定。處身於現代世界的現代人，就是缺少這種豁達、開朗、自在的禪者心境。所以許多人都在講禪、寫禪，也有許多人愛聽有關於禪的演講，愛讀有關於禪的作品。

我出身於禪宗的寺院，出家五十多年以來，也常以禪修為日課，我在中國及日本，均有臨濟和曹洞兩大禪宗系統的法脈源流，近二十年來，我也以禪的修行觀念和方法，分享給東西方人士，在美國及英國主持了七十多場禪七，出版了九種英文的禪學講錄，在臺灣指導了五十次禪七和七次的社會菁英禪三，也出版了六冊中文的禪書。因此有好多人建議我寫一本《禪語百問》或《禪語今解》的書，以供現代人做為安心、解悶、除煩惱的精神食糧，直到本（一九九四）年七月我從國外回來，得到葉翠蘋女士的協助，為我找出一百則禪語，隨問隨答，在《中央日報》長河版和讀者們見面。經過兩個多月，完成了這冊小書，命名為《聖嚴說禪》。

一九九四年十月十九日於農禪寺

目錄

第三輯　青山原不動

第四輯　野狐禪

第五輯　一日不作，一日不食

第六輯　我狂欲醒，君狂正發

〔第七輯〕主人公

〔第八輯〕行亦禪．坐亦禪

【第九輯】

須彌山

【第十輯】

一缽千家飯

第一輯

風動・幡動・心動

廓然無聖

問——菩提達摩在與梁武帝的對話中，提到「廓然無聖」這四個字，請師父為我們說明它的精義。

答——梁武帝的心中存有差別對立的觀念。面對菩提達摩這位心目中的聖僧，梁武帝請教他什麼是至高無上的聖諦和真理，達摩回說：「沒有這個東西。」梁武帝又問：「在我面前的又是誰呢？」達摩再答：「不認識。」是叫他不要執著，沒有聖人這回事。在一般人的想法中，有道的高僧、偉大的菩薩是聖人，普通人和正在修行的人是凡夫。然而，站在禪師的立場，如果心中有凡聖的差別或層次的差別，就表示不了解佛法。即使真有聖人，要把凡聖的差別相放下之後才是聖人。佛法，尤其是禪法，是講超越的；超越於一切的有無、好壞，達到平等不二、無相、無分別、不執著，才是自在、才是寂滅、才叫不動。現代人更需要有這種心胸，才能不受五光十色的環境所誘惑，不受名利物欲的牽引所困擾，生活得豁達而自在。

腳跟下

問——禪語中常提到「腳跟下」或「看腳下」，它是否叫人要步步踏實，注重當下眼前，不要耽於過去或幻想未來？

答——的確是這個意思。在修行的過程中，許多人只把目標放在未來，沒有腳踏實地從現在做起。這其中包括幾種情況：第一種，光看到過去的人修行修得非常好，自己很羨慕，也希望見賢思齊，可是他沒有想到該立刻用功，腳踏實地走出第一步；這是一種不切實際的夢想，也可說老是在做夢。第二種，老是要求其他的修行人或周圍的人好好修行，如果別人不修行、做得不好、說錯了，自己會很難過；把別人的懈怠當成自己的過失，總希望他們好好學。也可以說他自有標準和尺寸，如果他人不合他的要求，則加以批評、指責。但他沒有想到自己是否做到了，也許自己只做到幾分，卻要求別人做到滿分。寬以待己，嚴以待人，這叫「腳跟不踮地」。第三種，經常根據經典、語錄、古人行誼等計畫修行，設想有一天自己修行時當如何如何，可是從未想過什麼時候付諸實踐；年輕時貪玩，中年時事業重要放不下，晚年時體力不好，結果一直到死，計畫仍是空的。第四種是「眼高手低，目空一切」，把標準訂得很高，要嘛不修行，一旦修行就要做得很徹底，而且要有大成就，常常高談闊論自己要怎麼做、會怎麼做，可是都僅止於口頭的工夫。第五種是「得少為足」，工夫並不踏實，只得到一點小經驗就認為自己已大悟徹底，到處告訴別人他已是修行成功的人，一廂情願想當別人的老師，甚至在明眼人之前還吹牛吹個不停。因此，真正有工夫的人會告訴他：「注意你腳下，你的腳跟尚未著地哦！」也就是說他輕舉妄動，實際的工夫不夠。

這句話對一般人也很有用。即使不修行禪法，也應該把當下的這一步站穩了，步步踏實往前走。若能如此，在人生的過程中，雖然沒有功成名就，對自己而言，還是覺得心安理得，非常平實。

自家寶藏

問——「自家寶藏」的意思是不是說，修行人想追求的那個最寶貴的東西就在自己心裡，何勞向外追求？

答——「自家寶藏」是馬祖禪師和其弟子慧海禪師之間的對話。慧海去見馬祖時，馬祖問他：「你來這裡做什麼？」慧海說他要參方學道，希望求得佛法的寶藏。馬祖說：「你沒有顧好自己家裡的寶藏，甚至沒有發現自己有寶藏，只是東奔西跑向外亂找。其實到哪兒找都沒有你自己那個寶藏來得寶貴，真正的寶藏在你自己家裡。」

一般人認為求道或求法是向高僧請益、向西天取經，在中國歷史上也的確有好多高僧從中國到印度求法。此外，在觀念上有所謂「傳法」，似乎是說一代一代有東西可傳，好比父母有家產要遺留給子孫。也有人認為皈依三寶、接受佛法、受戒等也有東西可以傳。這些都是似是而非的觀念。從禪的角度看，「法」不是口口相傳的，不是以手傳手的，不是師徒授受的，不是用任何語言文字或物質的象徵做為傳法的內容的。真正的、最高的佛法是不可思不可議，亦即不能用語言文字來思考推敲。既然如此，心外不可能還有任何東西。老師和弟子如果都是過來人的話，只需一個會心的表示，沒有其他東西可以傳授。所謂「心心相印」，也就是老師的智慧與弟子的智慧彼此相通，可以用任何一句話，任何一個表情，任何一個動作來傳遞消息，繼而證明弟子真正發現了自己的寶藏。

這個寶藏就是「明心見性」，從煩惱的心變成智慧的心，這叫「明心」；「見性」是見到不動的、不變的佛性。既然不動不變，就沒有任何東西可以加以衡量，那是可以意會而不能言宣的。一旦開悟就是發現了自己的寶藏。一般人在平常生活中如果一味地向外追求資源或幫助，就無法真正滿足自己，真正解決問題。唯有回過頭來反求諸己，即所謂「自助而人助，人助而天助」，先肯定自己，別人才會肯定你，對你有信心。否則若連自己都不相信自己，一定不會被別人肯定。不過，所謂自我肯定不是自大、虛矯，而是如實踏實。

本來無一物

問——六祖惠能大師有一個偈子，「本來無一物」是其中的一句，時常被人引用，請師父為我們說明它的精義。

答——凡是讀過《六祖壇經》或聽過禪宗故事的人，對這句話都耳熟能詳。神秀禪師曾寫了一個偈子給五祖弘忍大師看，內容是：「身是菩提樹，心如明鏡臺，時時勤拂拭，勿使惹塵埃。」神秀的師弟惠能看到之後，覺得作者心中還有很多罣礙，尚未大徹大悟，所以也念出四句話，請別人幫他寫在牆上：「菩提本無樹，明鏡亦非臺，本來無一物，何處惹塵埃。」他的境界是那麼地灑脫，那麼地自在！很多人希望開悟，開悟在梵文叫「覺」，也就是「菩提」的意思。也有人認為為了明心見性，必須時時將心擦拭乾淨，像鏡子一樣，能將之保持乾淨就是開悟，是智慧的表現。因此，對沒有開悟的人而言，「智慧」這個東西是有的，必須追求，並且可以執著。但六祖認為沒有開悟、智慧這些東西，一執著有智慧，本身就不是智慧；所以他說「本來無一物」。既沒有生死，也沒有涅槃；既沒有煩惱，也沒有智慧。愚癡的煩惱和菩提的智慧是相對的，生死的痛苦和覺悟的涅槃是相對的。心中有執著就沒有真正開悟。不要認為有像鏡子一般的自性，當心中什麼都擺下的時候才是真正的開悟。這就是《心經》所說的「無智亦無得」，這才能心無罣礙，無罣礙就是心中無一物，才是真正的悟境現前。

平常人雖然沒有像六祖惠能大師那樣的心胸，可是少一點牽掛總是好的。自己所擁有的，不論是權勢、名利、眷屬等等，雖有而不要患得患失；這樣就能活得愉快一些、自在一些。該有的不需拒絕，不該有的不需非得到不可；如此心中坦蕩蕩，白天不緊張，晚上睡得熟，不是很好嗎？

風動・幡動・心動

問——六祖惠能大師從五祖弘忍門下得到傳承之後，到了廣州法性寺，見到兩位和尚對著寺前的旗子在爭論，一個和尚說：「你看旗子在動。」另一個說：「是風在動。」惠能說：「你們兩個都錯了，既不是風在動，也不是幡在動，是你們的心在動。」兩個和尚被點破，非常拜服，而我們聽故事的人似乎也心動了一下。請師父開示。

答——這也是《六祖壇經》中的故事。當時惠能已經開悟，和一般人有不同的看法。一般人是從外境的現象著眼，透過主觀形成因人而異的判斷。外在的環境如果沒有主觀的人去觀察它、體驗它，它是毫無意義的。一旦通過人的觀察、體驗和認識，就失去了客觀事實的標準。因為每個人內心的反應都會因時、因地、因他自己內心的情況而有所不同，所以兩個和尚看到幡在動就會有兩種不同的想法。這兩種想法都是錯的，最正確的答案是他們兩人的心在動。

從這個事實來看，人間所謂是非、好壞、優劣、善惡等等判斷，並沒有一定的客觀標準，都是因時、因地、因主觀想法而有所不同。所以叫作虛妄，不是真實，既非真實就不要執著。唯有對一切現象不起執著，才不會生起愛憎等等煩惱心，那就是自在的人。有是不是可能做到幡不動、風不動、心也不動呢？其實沒有必要。有風的話幡一定會動，只要自己的心不隨著環境而亂動，不要被環境牽著鼻子走，不用主觀的自我意識來觀察、衡量、判斷，這是比較妥當的，也比較不會產生矛盾和衝突。很多人只因多管閒事而煩惱不已，其實只要心不受環境所動，不離智慧和慈悲兩個標準，就不會有煩惱了。因此，我們普通人也可以練習不受威脅利誘，不為聲色所動，這也就是人間的智者和勇者。

風動幡
動心動
為聖巖法師禪語句題作畫
乙亥夏仲傍晚微雨 陳永模并記

萬古長空，一朝風月

問——有和尚問崇慧禪師：「達摩未到中國之前，中國有沒有佛法？」禪師答：「沒來之前的事暫且擱著，你自己的事怎麼樣了？」和尚不解，崇慧禪師又說：「萬古長空，一朝風月。」「萬古長空」把時空拉得很長很大，「一朝風月」則把時空凝聚到眼前當下。對修行人來說，不要管它萬古長空，只管一朝風月就可以了；當下是什麼就是什麼，當下說怎麼樣就怎麼樣。這個說法對不對呢？

答——對的。這句禪語是把時空的長短和達摩帶來的禪法或釋迦牟尼佛的心法對比起來講的。其實那位發問的人知道，處處都是佛法，佛法本來就是現成的，跟達摩來不來中國沒有關係。但他這句話問得太遠了，跟當下沒有關係，可是他自己不清楚。崇慧禪師答以「萬古長空，一朝風月」，是點明對方不管目前、現在、當下，卻想到那麼長的時間、那麼大的空間，完全不切實際。一朝風月是萬古長空中的一點一段，但若無這一點一段，就沒有著力處。若要體會萬古長空，必須從你自己認識起，你自己是什麼？真正把自己放下了，才能發現萬古長空。看你現在是萬古長空呢？還是一朝風月？如果你現在是一朝風月，也就是說，你努力於現在，在心上用功，就不會想到要問這個問題。如果你現在是萬古長空，也就是工夫做好了，即與萬古長空合而為一，也不必問這個問題。所以你的問題是多餘的，不應該問的。就算我告訴你達摩來之前中國有禪法或沒有禪法，跟你也完全沒有關聯。這句話對普通人也有用處，我們常講「現實、現實」，現在目前才是最實在的，離開現在目前，不論講什麼都不切實際！

應無所住而生其心

問——這句話是不是叫我們不要執著，但也不要因無所執著而冷漠消極，應該提起智慧心、慈悲心、菩提心？

答——一進農禪寺的門，在照壁上就可見到這句話。它本是《金剛經》中的句子，六祖惠能未出家之前，聽到有人誦讀這個句子，當場若有所悟而決定出家求道，往湖北黃梅見到五祖弘忍，半年之後，聽五祖講《金剛經》，一聽到這句話就豁然大悟，可見這個經句在禪宗是多麼地重要。很多人認為無我、無心、不動心大概就像木頭、石頭、植物一樣吧！如果真是如此，釋迦牟尼成佛之後就不要說法度眾生，禪師們悟道之後也不該再弘揚禪法了。事實恰巧相反，釋迦牟尼佛成道時只有三十多歲，接下來花了四十多年的時間說了許多法，度了很多人，使佛教流傳到今天，成為世界三大宗教之一。可見不動心並不等於木頭、石頭，它的意思是不住心，《六祖壇經》中也談到無住、無相、無念，二者大同小異。「無住」是什麼呢？就是不在一個念頭或任何現象上產生執著，牢牢不放。比如受了打擊，被心外的事物所困擾，那叫心有所住。又比如貪男女色的，心就注意男女色；貪名的，心注意名；貪財的，心注意財；貪美食的，心注意美食。這些人若沒有女色、男色就活不下去，沒有名、沒有財就渾身不對勁，沒有美食也不能過日子，心中老是牽掛著這些東西，這就叫「有所住」。至於心無所住呢？美色當前也當作是平常事。《維摩經》中的天女散花，又是美女又是鮮花，菩薩們看了若無其事，認為是天女自己在散花罷了，跟菩薩們不起關聯；可是那些阿羅漢對美女和鮮花還存有潛在的厭離心，所以花落到他們身上就掉不下來了，這是因為心有所住。因此，「心無所住」是身在紅塵能不受紅塵困擾，「生其心」是出入紅塵還能救濟紅塵中的眾生，為他們說法。這個心就是慈悲心和智慧心，是佛和菩薩們的境界。

我們凡夫也不妨練習「無所住而生其心」，最初可能比較困難，但是時間久了，就會把世間的人、事、物看作如幻、如夢、如演戲。你會非常認真地演好目前的角色，但很清楚自己是在演戲，那就不會受到利害、得失、你我、是非的影響而煩惱不已。

不思善・不思惡

問——不思善、不思惡，乍聽之下會覺得此人很糊塗，沒原則。但它更深一層的意思是不是叫人不要自我中心，不要有主觀的價值判斷呢？

答——不思善、不思惡的人，乍看之下的確像個糊塗蟲。沒有善惡的標準當然很危險，他很可能根據本能去做事，不管對別人、對環境會有什麼影響。在這個世界上，不論個人、團體或全體人類，都需要善惡的標準，怎麼可能不思善、不思惡呢？這裡的「不思善、不思惡」是從禪宗修行的立場來說的。當六祖從五祖弘忍得到法的傳承之後，五祖勸六祖到南方隱匿起來，否則可能有人對他不利，六祖於是帶著衣缽到了大庾嶺。當五祖的門下發現法已經傳到嶺南去了，很多人就動身去追。其中有位曾任將軍的出家人叫惠明禪師，追上了六祖，六祖遂把衣缽放在大石上，自己躲在草叢裡。

惠明看到衣鉢，心中產生反應，大叫：「我不是為衣鉢而來，是為求法而來。」六祖聽到這句話，受了感動，從草叢裡出來對惠明說：「在不思善、不思惡的情況下，什麼是你惠明上座的本來面目呢？」這個本來面目就是「明心見性」的「心」和「性」。「心」是智慧，「性」是佛性。一定要到心中無罣礙，心中不存任何痕跡，這時再看一看你的本來面目是誰。《涅槃經》中說，一切眾生都有佛性，人人都可成佛。人本來具備的條件跟佛完全一樣，所以叫本來面目。如果常常有善、有惡、有好、有壞，心中始終被這觀念所混淆，就會愚癡而沒有智慧，唯有不思善、不思惡，才能明心見性。這兩句話使惠明當下就開悟了，後來有好幾位禪師叫弟子照著這兩句話去做，也滿有用。

其實善與惡要分層次，一般人必須有善、有惡的區別，如果不思善、不思惡，一定會對社會產生困擾。至於對修行人或個人修養來說，嫉惡如仇或太執著於善都不太好。真正的灑脱自在是在善惡之上，這才是最究竟的最高境界。

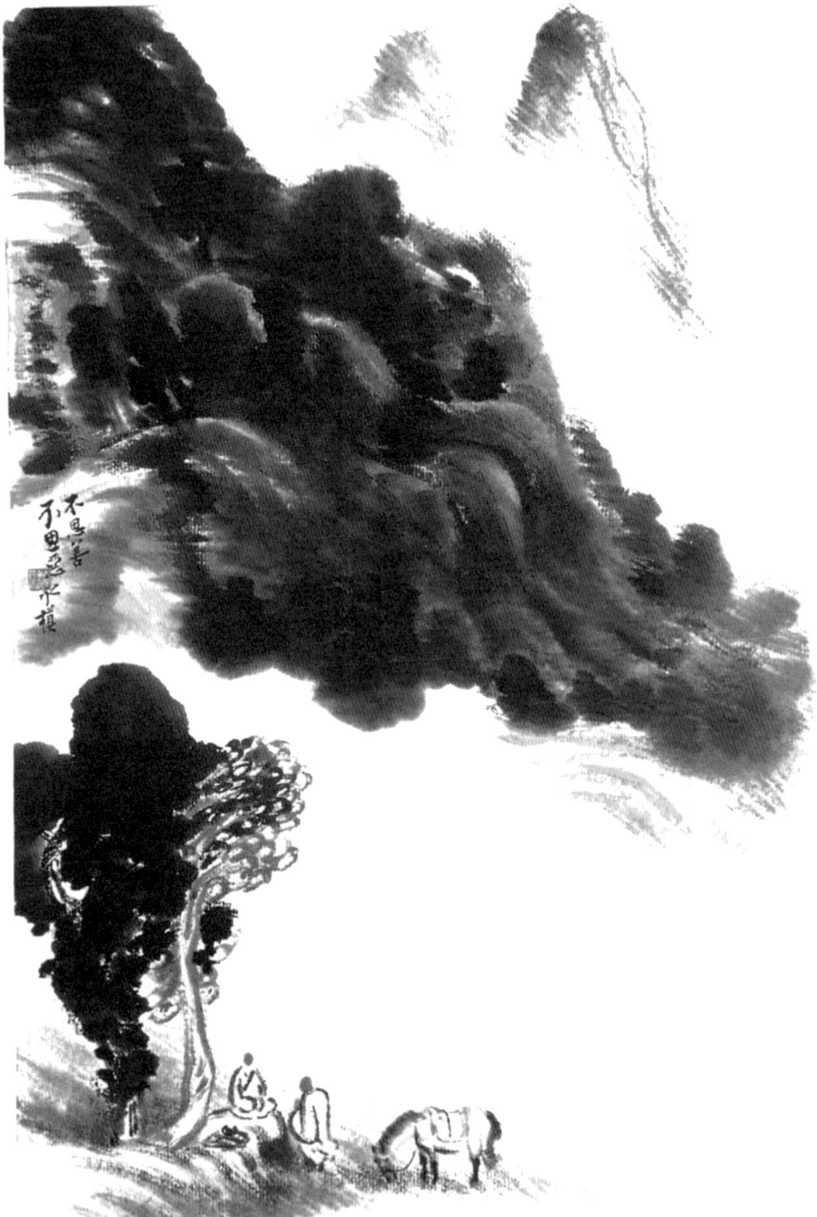

不思善
不思惡 水楨

渠今正是我，我今不是渠

問——洞山良价禪師開悟之後，勸人不要離開自性去外面找「開悟」這個東西，他體會到了「水面的影子是我，我不是水面的影子」這個經驗。請師父為我們開示，分享一下洞山禪師的心得。

答——洞山禪師有一天在過河時，看到河面上反映出自己的影子。水上一個人，水面一個人；水面上的不是他，水上的才是他。當他尚未看到倒影之前，始終不得開悟，不知道自己本來的面目究竟是什麼東西，認為在身外一定還有一個東西是本來面目或自性。直到他見到水面上自己的影子，才知道不要離開自己的身心另外去找什麼，如果這樣去求道、求法，希望悟道、得法，那就離開自己的本來面目愈來愈遠。現在我看到水面上的影子，影子是我，而我並不是那個影子，這就是開悟。很多人認為開悟一定是悟到不得了的事，其實，未悟的時候對面不相識，悟了之後發現根本不曾離開過，如此而已。其中最重要的一點是「影子是我，我不是影子」，影子是從我產生的，離開了我不會有影子。我們平常所使用的身體和正在動念頭的心是本來面目的影子，離開我們的身心之外，不可能還有個東西叫本來面目。可是尚未發現這個道理之前，絕不可以把我們平常有執著、有煩惱的身心當作本來面目。

一般人常在生活中自我困擾，也困擾他人，原因就在於區別什麼是我、什麼是你、什麼是他。而事實上，我也好、你也好、他也好，自己所體會到的，所感覺到的，不是那本來的東西，而是從經驗、知識所學習而來的一種判斷，並不是一出生就擁有和知道的。因此有人說，嬰兒所見的世界是真實的，成年人所體會的世界是非真實的。我想這是個比喻而已，因為嬰兒的生理、心理都尚未成長、成熟，他們所見到的世界是一片混沌，心智上是一團迷糊，並不像斷了煩惱的智者那般明朗而不執著。若能達到洞山禪師的悟境，他會對所有的現象清清楚楚，了知我和非我而還能心無罣礙。

「渠今正是我，我今不是渠」，煩惱的身心並未離開我的本來面目，只是把我的本來面目遮起來了；我今天離開了執著的煩惱，本來面目終於現前。所以現在的我是本來面目，而不是那個煩惱的我。我還是在的，只是沒有煩惱了，多麼高興啊！

磨磚成鏡

問——馬祖禪師到懷讓禪師那兒學道，每天都坐禪，有一次懷讓禪師問馬祖：「你坐禪是為了什麼？」馬祖說：「為了成佛呀！」懷讓就拿了一塊磚磨了起來，馬祖覺得很奇怪，問他磨磚做什麼？懷讓說：「把它磨成鏡子。」馬祖說：「磨磚怎能磨成鏡子呢？」懷讓答：「磨磚既不成鏡，坐禪又怎麼成得了佛呢？」禪宗一向非常重視坐禪，卻又說坐禪成不了佛，這是什麼道理呢？

答——坐禪的確不能成佛，坐禪只能把腿子鍛鍊好。不過，一般人還是得坐禪。釋迦牟尼佛是坐禪成道的，在他之前、之後的修行人都在打坐。問題是，如果不論學佛與否，打坐皆可成佛，那是不可能的。成佛也好，開悟也好，是在於心，不在於坐。在於心能否明淨、沒有執著、沒有罣礙，不在於坐的姿勢好不好、坐得久不久、腿痛不痛，這是了不相關的。自古以來，各宗各派的佛教都不反對坐禪，他們都確認打坐可以產生安定心的功能；但是心的安定並不等於開悟成佛。在中國禪宗，始終都要坐禪，但也說坐禪和成佛開悟沒有關聯。如果像馬祖那樣不斷地打坐，馬祖可能成不了馬祖，也開不了悟。一旦他明白磚頭磨不成鏡子，打坐也成不了佛，對打坐的執著就放下了，進而從心上用功。只要放下心中的一切，就是明心見性、頓悟成佛。在印度，有不少阿羅漢並沒有打坐，他們只是聽聞佛法，立刻就證了阿羅漢果，這叫慧解脫阿羅漢。當心中靈光一閃，把過去現在未來人我是非一齊擺下，此時就顯現出光明的心地和萬里晴空無私的境界，這叫開悟吧！

第二輯
寸絲不掛

三十棒

問——如果在一般的學校裡，老師問一個問題，學生答不上來要挨三十棒，答出來也要挨三十棒，恐怕會引人非議。為何這則公案「道得也三十棒，道不得也三十棒」，反而能助人開悟呢？但是用於禪法的話，是不是叫人不要在觀念上有一個執著點呢？

答——這是所謂「德山的棒」，是德山宣鑒禪師的公案。「道得」就是你答得上來或開口回答，可是不論你回答與否或答對與否，德山都給三十棒。以「諸行無常，諸法無我」為例，無常、無我是大家對佛教的共識或通識，如果禪師問你：「一切是無常的或常的呢？」這個案子是現成的，你究竟回不回答？如果你不回答，問你問題為什麼不回答？如果你回答，答案明明有了，還有什麼好回答？所以，回答是錯的，不回答也不行，這其中沒有邏輯的問題，也沒有對與不對的問題。重點在於正在求道的弟子若把心中所有的知識、經驗、學問——不論是從書本上看到的，或從人的口頭聽到的，或是自己體驗到的——用語言表達出來，那就是錯的。要離開心理的活動，離開知識的分別，這才是無差別、才是平等，才是不二法門。所以回答或不回答都不行。在這情況下，未開悟的人會被老師逼入絕境，向前無法進，向後無法退，向上爬不上去，向下入地無洞。這時會捨掉一切攀緣心，斷絕一切所有可以動的念頭，心中一切東西都不存在了，可以馬上開悟。清清楚楚地心中沒有任何執著，沒有主觀的自我，也沒有客觀的環境，這叫一絲不掛，寸草不留，是大徹大悟的境界。道得、道不得都給三十棒是一種幫助弟子開悟的方法。德山對需要他幫助的人，會巧妙地用這個棒。

藏頭白．海頭黑

問——有位出家人問馬祖禪師一個佛法上的問題，馬祖說他很累，叫他去問智藏禪師，智藏說他頭痛，叫他去請教他的師兄懷海禪師，懷海說他不會回答。這和尚就把情形回報給馬祖禪師，馬祖說：「藏頭白、海頭黑。」他的意思是不是說真理是現成的，就像智藏的頭是白的，懷海的頭是黑的，如此單純？

答——馬祖的弟子當中，智藏的年紀比較大，頭髮已白；懷海的年紀比較輕，頭髮較黑。他們三人都不回答問題，使問法的人不得其門而入，看起來毫不合理，實際上是沒什麼好回答的。馬祖覺得此人需要點一下，因為他始終弄不清楚別人為什麼不回答他的問題。馬祖說，你問的問題就如智藏的頭是白的，懷海的頭是黑的，還有什麼好問的？一切不都是現成的？處處都是佛法，處處都是禪，樣樣東西都是道；你自己看不到，還在問東問西，等於說你自己穿衣服還在找衣服穿，飯就在眼前還在找飯吃。問道的人聽了是否開悟，在公案中沒有記載，但這個公案非常明顯而有用。真正的佛法是現成的，不需用語言文字說明，根本沒有佛法、開悟、道、禪這些東西。如果有的話，那是心中的執著。要把心中的一切擺下之後，才是祖師西來意。祖師從印度帶來的是什麼？不需要問！放眼都是，吃飯、睡覺、拉屎、撒尿也都是。然而，心未放下之前，一切都不是。

這類公案在現實生活究竟有沒有用處？還是有的。有些人鑽牛角尖，引來許多痛苦。如果退一步即可海闊天空，否則比下地獄還痛苦，因為是死路一條。禪語教導我們把自己放到非常自由開闊的世界中，不要把自己逼入狹窄的觀念或自以為是的框框裡去。

紅爐一點雪

問——「紅爐一點雪」，從詩的意象上來說非常有張力，因為紅色和白色在對比之下很醒目，而燒熱的爐子和冰涼的雪也在溫度上呈現兩個極端。把這些對立擺在一起，究竟想表達什麼呢？

答——紅爐中有一點雪，是根本不可能的事！烈火熊熊的紅爐豈能容得下雪？雪竟能在火紅的爐中存在？這恐怕是一幅畫吧！它的用意是說明沒有這樣的東西，正如龜毛兔角一樣，並不存在。

開悟、成佛、智慧等等，都是空洞、抽象的名詞，但是對未開悟者要講這些東西，因為他們就是被迷惑、煩惱、障礙等這些問題所困擾，名聞利養、權勢物欲也都存在。一旦開悟，這些東西都不存在了，不但是身外之物、心外之物，而且連身外、心外也都是幻相。人如果有情緒、情感的執著和判斷，就會產生障礙或情執的作用；如果心無罣礙，心不受外界所動、所影響，心外就沒有東西。

不論是世間任何事物，或是成佛之後所見到的佛、道、淨土、聖人、菩薩，在開悟者眼中都是紅爐一點雪，沒這些東西。一般人是很難體會的！在我們眼前明明有種種人、事、物、環境、情況、現象，怎麼說它沒有？有慧根的人聽了這句話之後卻會馬上開悟，發現往日為自己所貪戀、厭倦、愛憎的對象，都如紅爐一點雪，不是事實，何必執著？

事得理融，寂寥非內

問——南泉普願禪師在寫給弟子的信中提到這兩段話，聽起來哲學意味很濃，跟其他的公案或禪語不太相同。請師父解說。

答——理和事、內和外指的各是什麼？必須先把這兩個相對的名詞和觀念弄清楚。這裡的「理」不是道理的理，而是真理或一切現象的根本。「事」是指現象，「理」是指本體，這是哲學觀點的解釋。南泉說「理隨事變」，一般人卻說本體不動，現象會動。南泉說「事得理融」，一般人卻說見到現象不見得見到本體，本體是不可捉摸的、完整的、永恆不變的。但就禪而言，理和事，亦即本體和現象是同一個東西，即事即理。（現象本身就是本體的表現，而不是現象之後還有本體；所以看到現象就知道它的根本是什麼。也可以說，有煩惱的眾生和佛是同一個東西，只是他尚未成佛而已，所以呈現出凡夫的樣子；其實一切眾生都有佛性，是跟佛性在一起的。）

如果通達了這個道理，外在的現象和內在的本體根本是一即二、二即一，等號的兩端是事與理，內和外也是一體的。這是從禪的立場看，不是從哲學的立場看，因為禪的經驗是用心來體會的。心不在外，也並不在內，否則是在哪個之「內」呢？是因為身體、環境在動，心才跟著動，所以心不在內也不在外。

所謂「理隨事變」，現象在變，本體的理就在變動的現象之中。「寬廓非外」，你不要以為現象是在本體的外邊，無限的廣大也不在本體之外，不要把現象當成本體的外在；此即理事不二，即事即理，套用哲學名詞，便是現象即本體，本體即現象。

「事得理融」，一般人認為理是不動的本體，事是不斷變動的現象，事可見而理難知。事實上，當你心中已無分別執著之時，看到一切現象雖然在動，心中並不受其影響，所以等於未動，故以智者的眼光看世間一切現象，都是清淨無染的，那與理體的本身無異，見事即見理，理以事現，理在事中。故在凡夫的心境，總想要離苦，嚮往佛國，對於悟後的智者，縱然常住世間的塵囂之中，也等於處身於佛國淨土。

「寂寥非內」，許多人認為外在的世界是動的，內心的深處是靜的，故要用靜坐及參禪來開發內心世界。其實，若從禪悟者的立場而言，事與理既非兩樣東西，內與外、靜與動，也是不可分離的，動態既不在外，靜態也不在內。若把內外看成兩極，就有煩惱出現了。

所謂世間本無事，庸人自擾之。當有煩惱的時候，所面見的世界是醜惡的，實際上是因為人心醜惡，世界才醜惡。有大智慧的人，心不隨境動，環境如何是環境本身的事，他的內心世界不受影響，也就等於跟他無關，但他依然會照著環境的動向做適當的處理，那是智慧的功能而非煩惱的心動。

乾屎橛

問——有位和尚問雲門文偃禪師說：「佛是什麼？」雲門回答：「乾屎橛。」也就是清除糞便的木片。乍聽之下令人驚詫駭異，怎麼可以這麼放肆呢？雲門禪師的用意是不是想破除對立呢？

答——禪師們就是要破除人的差別觀念。若從宗教信仰的角度看，說這樣的話實在是大不敬。在佛教的常識裡，佛的意思是「覺者」，自覺、覺他、覺滿，也叫「大覺」、「滿覺」，是大徹大悟的偉大聖人。然而，這個解釋對修行沒有幫助，只能聽到一些知識和說明，起不了作用。若問佛是什麼，不必用抽象名詞或描寫的說法來解釋、介紹，只需直截了當告訴他，佛是無處不在的，不能用任何固定的一句話來說明。佛可以說是智慧慈悲的代表，也可以說他沒有什麼事要做，因為他已得大解脫，但只要有需要，他隨時出現，而且能以人或物的樣子出現。然而佛不是物也不是人，他為了幫助衆生，可以在任何現象中讓你受用。如果一個人可以因為一塊乾大便而開悟成佛，得到佛法的利益，佛也可以是一個乾屎橛。雲門禪師在回答這個問題時，也許正好在野外看到一塊人糞或狗屎，就隨口說佛是那個東西。一般人可能無法接受這種指示或觀念，但禪修者心中有很多疑問想立刻得到答案，如果禪師當下答非所問，並且給予非常强烈的印象，發問者會非常震撼，從驚訝中產生智慧的火花，或可因此而開悟。這是方法上的運用和手段上的便利，可以讓人的觀念產生一百八十度的轉變。從受人尊敬，應受崇拜的佛，一下子成為受人鄙棄的乾屎橛，在他心中會產生非常大的革命，他的生命可能從此得到新的開始。禪宗不傾向正面的解釋，否則隔靴搔癢無濟於事。其實禪宗並不常用這種方法，必須視情況而定，用得恰到好處才行。

南泉斬貓

問——南泉普願禪師的弟子為搶奪一隻貓而爭執起來，南泉要他們說出個道理，否則要殺貓。大家無言以對，南泉就把貓給殺了。當趙州從諗禪師回來，南泉把斬貓的事告訴他，趙州就把鞋子脫了，放在頭上走出去。南泉說：「你當時如果在場的話，這隻貓就不會死了。」出家人殺生是不應該的，鞋子頂在頭上也把事情顛倒了，這些和尚為什麼做這些奇怪的事？

答——佛教最重要的五戒的第一戒就是不殺生，南泉怎麼可以殺貓呢？不過他不是粗人，也不會是破戒的出家人，而是他看到寺院中養起貓來，這已經錯了。戒律規定寺院不能養貓，因為貓會抓老鼠，有傷慈悲，而東、西兩堂的僧人還要爭貓，所以南泉就把貓殺了。他的目的是要使兩堂的僧人去掉爭執的心，也去掉以後養貓的心。如果處罰他們也沒什麼用，不能產生力量，一旦殺貓，可以產生極大的震撼，因為從釋迦牟尼佛以來沒有人破過這種戒。養貓已夠不慈悲，殺貓更不慈悲。這是禪宗祖師以毒攻毒，以毒治毒，以非常毒的藥來治非常毒的病。殺貓之後，這個震撼力不是一下子就結束了，直到現在還在震撼著我們。貓本身犧牲了，但南泉的舉動卻幫了很多人的忙。

趙州是已經開悟的人，他知道兩堂養貓、爭貓是顛倒，老和尚殺貓也是顛倒，他還有什麼話講？上下都顛倒！所以，脫下鞋子頂在頭上往外走，是表示這場佛事整個都是顛倒的。他用顛倒的手法也是以毒攻毒，以毒治毒。如果以正扶反，力道不强；如果顛倒加顛倒，可以馬上產生大爆炸、大火花。禪宗史上曾有很多人解這個公案，我的說法則是這三方的動作都錯了，但南泉和趙州的目的是對的，這叫「將錯就錯」、「倒正其錯」。不過，這種例子不能隨便學習，否則養狗殺狗、養貓殺貓，會很麻煩的。

寸絲不掛

問——有位比丘尼叫玄機，去參拜雪峰禪師，禪師問過他的名字之後，又根據他的名字問他一天織多少，他答道：「寸絲不掛。」說完就告辭往外走，雪峰禪師突然喊住他：「你的袈裟拖在地上啦！」玄機回頭一看，禪師笑著說：「你不是說寸絲不掛嗎？」這個故事聽起來頗有玄機，卻也讓人覺得要修行到真正的寸絲不掛實在不易。請師父開示。

答——這位玄機比丘尼已經懂得禪宗的機鋒，所以有這樣的回答。如果說自己身上連一根線一寸紗都沒有，普通女孩子說這種話不免會害羞，這位比丘尼則表現得頗有禪味。但當雪峰禪師一說袈裟拖在地上，他馬上就出現普通人的反應，可見他只知道如何解釋自己的名字，並未在心中了無罣礙。袈裟是否真的拖在地上是另一回事，可是剛剛才說到身上或心頭寸絲不掛，可以掛寸絲的心根本不存在才對，怎麼會有袈裟拖在地上？從這個故事可知，很多人自稱懂得禪的意義和味道，其實只是一種觀念上的、知識上的或思辨上的遊戲，並不是內心體驗上的實證。一般人要說出「寸絲不掛」這句話，已經不易，至於要體驗，更不容易。因此武俠小說中常說「行家一出手，就知有沒有」，在內行人或高手之前，普通人假裝有或只有幾手普通的招式，那是丟人現眼的事。很多人在一知半解的情況下賣弄聰明，還以為自己是內行，這在知識分子來說是最易犯的毛病。這些人只是以耳代眼、以眼代手、以手代心，實際的內心世界並不是那一回事，只是動作舞出來像是內行罷了。

寸絲不掛
乙亥夏日
陳永模畫

道非物外，物外非道

問——趙州和尚問師父南泉禪師說：「道非物外，物外非道，什麼是物外的道呢？」南泉拿起棍子就打，趙州把棒子抓住，說：「你以後別打錯人了。」南泉不想落入思辨的圈套，所以打人。但是對一般人而言，思辨還是必要的，請師父說明這兩句話的意義。

答——所謂「道非物外，物外非道」，「道」究竟指的是什麼？在佛教中，「道」有好幾種意思。第一種是指路線、道路，也是指修行佛法的法門。另一種意思是方向或目標，比如希望成佛、成道，希望證果等等。還有一種意思是菩提、覺，是一種經驗，因此證道是指親自體驗到「道」是什麼。對禪或究竟的佛法來說，道本身跟一般現象或一般世間事物不能分開，原因在於：如果心外求道，那是外道，因為道不在心外，而是在心內。可是心又在哪裡呢？如果說心在身體裡，那也是錯的，身體中沒有一個東西叫作道。心既不在身外也不在身內，而是一種精神的活動，亦可稱之為神識、智慧。神識是凡夫，智慧是賢聖，不論是神識或智慧都是跟外在世界相接觸而產生的反應，所以不能說它是在內或在外。「道非物外，物外非道」，其實是同一句話，反覆說著而已。道不在物質現象之外，那一定是在物質現象之內嘍！可是若說物質之外沒有道，也是錯的。如果說物質或現象是道，這也是執著。所以，道不在物內也不在物外，道是非物外非物內，即物外即物內。這又變成思辨而非實證，有點像念《心經》，不是禪師需要說的，跟實際的體驗沒有相關，所以南泉禪師乾脆不講，拿起棍子就打。趙州則說：「我懂你的意思了，你別再打我了。」善於用邏輯分析事理的人大概會經常逞口舌之辯，而在這個公案中，語言已是多餘的，這才是禪的體驗。

瓶中養鵝

問——一位叫陸亘的人問南泉禪師說：「有人在瓶子裡養了一隻小鵝，鵝漸漸長大，出不來了。如果在不把瓶子打碎，也不損傷鵝的情況下，你有什麼辦法讓鵝從瓶子裡出來？」南泉禪師喚了陸亘的名字，陸亘應了一聲，南泉說：「這隻鵝不就出來了嗎？」這個故事妙趣盎然，很想聽聽師父的看法。

答——一般人常會遇到瓶頸的經驗，比如事情膠著了或者交通滯塞了等等。陸亘是位居士，自認懂得禪，瓶中養鵝只是一個假設，他故意來考南泉的。然而對禪師來說，根本不需要考慮這個問題，否則就上當了，被瓶子給困住了。南泉很清楚，陸亘把自己的念頭裝到他內心的瓶子裡了，於是喊他的名字，陸亘一回答，他的念頭就離開瓶中鵝，出了瓶子了。

陸亘是否因此而開悟？如果陸亘問這個問題之前已經用功修行

很久，心中已有這個疑情，想求個答案，此時聽到南泉說：「鵝不是已經出了瓶了嗎？」他會放下瓶子，沒有執著而開悟。但他也可能只是個知識分子，在觀念上有這種聰明而製造出這個故事，此時不論南泉怎麼說，他也不會開悟，頂多承認他輸了，終究淪為一種遊戲。因此，禪機的運用對真正用功的人非常有用，如果只流於遊戲，這種對話毫無意義。

庭前柏樹子

問——有人問趙州禪師：「什麼是祖師西來意？」趙州回答：「庭前柏樹子。」我猜想趙州和尚的用意，是以這看起來毫不相干的回答，來點破對立的觀念。禪的真諦是「不二」，所以黃花翠竹無非般若；只要有人問趙州和尚什麼是禪法，他不論答什麼都可以。是不是這樣呢？

答——應該是對的。這個公案接下來還有幾句對話。有人問趙州什麼是達摩祖師從印度帶來的禪法，趙州答以「庭前柏樹子」，那位弟子也懂得一些道理，叫和尚不要用境界打發他，趙州說我沒有用境界表現給你，弟子再問一次什麼是祖師西來意，趙州還是回答「庭前柏樹子」。弟子聽了，一定會認為這是心外的境界，因為柏樹是一個東西。然而對趙州來說，祖師西來意也好，庭前柏樹子也好，都不是境界，而是同一種東西。有人認為祖師帶來的是涅槃妙心、正法眼藏，如果用這些很抽象的哲學名詞去回答那位弟子的問題，實在毫無意義，不如直截了當告訴他，見到什麼就是什麼。趙州告訴弟子，祖師從西方帶來的到處現成，放眼皆是，沒有另外一個東西叫祖師西來意。這種思想跟自然主義有一點關係。佛法本來是講心法的，結果有人把心當成一樣東西來執著，在此情況下，只好連「心」這個名詞都不提，因此任何東西都可以是祖師西來意。這是否是哲學上的泛神論？其實也不是。泛神論只是你對他的信仰而已，他本身並不產生任何功能。但祖師西來意是可以體驗實證的，是如人飲水冷暖自知的，是活潑的、生活化的，人人皆可體會得到的。智慧未開時，祖師西來意即使在你面前，但對面相逢不相識，如此而已。因此也有人說，你每晚抱著佛睡覺，每天早上又跟著佛起床，只是自己不知道罷了。佛就像庭前柏樹那般熟悉，還有什麼好問的。不過，如果執著庭前柏樹就是祖師西來意，這也是錯的。

處處踏實處處是、處處自在處處活潑，就好了。

第三輯

青山原不動

至道無難，唯嫌揀擇

問——三祖僧璨在〈信心銘〉中說「至道無難，唯嫌揀擇」，是不是說求法悟道不難，就怕你起分別心而加以執著？

答——〈信心銘〉是三祖僧璨留下的不朽作品，一開頭就說了這兩句話。至道是什麼？是無上的道，也就是佛道。不要把至道視為高不可攀，如果執意要追求最高的道，認為開悟以後即成佛，這就錯了。揀擇的意思是分別、選擇、等待。這句話是對修行禪法者的心態所做的忠告。禪法本身是要我們去實踐、去體會，而不是去等待、追求、挑剔和尋找。要怎麼做呢？很簡單！把追求心、期待心、修功德的心、成道的心全部放下，馬上就會發現佛道一直跟你在一起，你並沒有離開過它，它也不曾離開你。不過，對初學佛法的人還是要鼓勵發菩提心，要有求道、求法的心，要有為了求道而擺下一切的心。擺下一切的心有兩種，第一種是放下自己的身外之物，乃至擺下自己身體的享受和苦難，不顧一切去用功；這是鼓勵人修道的一種方便。至於已經在修道的人，除了修道之外，不要再追求、等待、盼望什麼道在你面前出現；這是另一種擺下一切的心。好比一個登山人，只要方向無誤，路線正確，就不要老是瞻前顧後。注意腳下踩穩腳步，一步一步往前走，不要計算何時到達山頂，也不要時刻衡量離開山頂有多遠，這樣毫無意義。唯有不斷努力，才是最實際的。所以，不要覺得成佛很難，可是如果心中有所分別、執著，至道就很難了，成佛也很難了。

我們在平常生活中也可以運用這種觀念。比如我們是為了賺錢而工作，為了薪水而上班，但在工作時如果老想著我做一分鐘有多少錢，工作一定做不好，老闆也不會高興的。工作時就是工作！

好雪片片，不落別處

問——石頭希遷禪師派弟子送龐蘊居士於三門，龐蘊為答禮，就指著空中的雪花說：「好雪片片，不落別處。」其中有一人問：「那要飄落到何處呢？」居士一個巴掌打過去，說：「你還稱得上是禪客嗎？閻羅王不會饒你的！」那個人又問：「那居士你呢？」龐蘊再給他一巴掌，並說：「眼見如同盲眼，口語如同啞口。」雪竇禪師評道：「如果是我，我就做雪團『丟落此處』以示不服。」這麼熱鬧有趣的故事，請師父為我們講解。

答——雪竇也是多嘴，故事本身已經很清楚，何必再講什麼？如果我要評他，可以說是：「一鍋好粥，多了一粒老鼠屎。」在禪裡面，只要有話講，就是多餘。

我們平時說「肥水不落外人田」，屬於自己的寶貝，一定會到自己家來。也就是說，如果自己真有工夫，禪悟就在你那邊，好比好雪不會飄到別處，只會飄到你這裡。可是未開悟的人就不懂了。本來龐居士想用這句話來贈給送行的人，禪客卻問：「不落別處又落到哪兒去呢？」他的妄念太多了，沒看到雪落在當下，卻順著「別處」這兩個字，念頭愈轉愈遠，轉到別處去了。怪不得居士要給他一巴掌。居士說：「你哪算是參禪的人？你放下當下打妄想，把念頭轉跑了。閻羅王不會饒你，你不會得解脫的。」禪客還弄不清楚他錯在哪裡，又問：「那你自己呢？」居士說：「眼見如同盲眼，口語如同啞口。」看了等於沒有看，講了等於沒有講。也就是說，你這個人怎麼搞的，明明看到雪落在此處，還要問落到哪裡去？睜眼等於瞎眼，你問的那些話都是不該問的，動了嘴巴卻等於啞巴。

這句禪語也可以在日常生活中幫我們的忙。有時候在跟別人談重要的事情時，會閃出跟當時的人、當時的事沒有直接關係的念頭，搞得錯綜複雜，使我們的心不能集中。或者在路上看到別人穿了一件衣服，馬上聯想這衣服大概是法國設計的吧！料子是義大利的吧！裁縫是香港的吧！到最後那個人那件衣服的影像已經不在視線之內了，自己卻轉出一大堆念頭來。這都是浪費時間，浪費生命，而我們一向都是這樣迷迷糊糊過日子的。

大道透長安

問——有位僧人問趙州從諗禪師：「什麼是道？」趙州說：「就是外面那條路。」僧人說：「我問的不是這個道。」趙州說：「那你問的是哪個道？」僧人說：「我問的是成佛之道。」趙州回答：「這條大道一直通向長安城。」這個故事是不是說明生活就是修行，離開生活則無所謂的「修行」？

答——我們一方面可以說趙州禪師答非所問，和尚問的是成佛之道或禪道或悟道的道，也就是祖師西來意。趙州明知他問的是這個，卻點他一下不要認為此道非彼道，以為另外還有一條成佛的路。到長安去的路難道就不是成佛的路嗎？離開通往長安的路才會有成佛的結果嗎？因此也可以說趙州不是答非所問，而是把那位問道的弟子的心扭轉過來，叫他不要分別世間的路和出世間的路，也不要把凡夫的生活行為以及修行佛法的人的生活行為截然劃分來看。對一個真正的修行人而言，佛道並沒有離開我們的生活環境，睜眼閉眼都是成佛的路，成佛的路就在自己面前，舉手投足修的都是佛道。問題在於如果心中存著彼此、好壞、凡聖等等的分別或執著，那就是煩惱。如果把這些觀念通通放下，那就徹頭徹尾、內內外外、凡所見者都是佛所見到的道。此所謂佛道並不是真有這一條路，而是什麼都不放在心中而又不離開心中，那就是佛道。人如果執著眼前去長安的路才是佛道，那是錯的；如果說這不是佛道，也是錯的。趙州禪師是以眼前出現的環境來糾正問道的人。

就一般人而言，心中能非常舒坦地生活的人並不多，大多數都被外在的景象牽著鼻子走，這就見不到道。如果自己的心不受外在景象所動，那就見到道了。我們面對問題時，心中不以那些問題做為喜怒哀樂的原因，也就是心中不因環境而喜，也不因環境而憂，但會對環境做適當的處理，這就是智慧，就是在道上，行的就是佛道。

吃茶去

問——趙州禪師在寺院裡同時對三個不同背景的人都說「吃茶去」。以前曾來過觀音院的和尚被請去吃茶，以前沒來過的和尚亦被請去吃茶，覺得納悶而發問的院主也被請去吃茶。趙州對他們都很平等，但是吃這一碗茶有什麼道理在內嗎？

答——這則公案非常有名，叫「趙州茶」。寺院中有固定的吃粥、吃茶的時間，吃茶是為了做工之後解渴休息。這三個人去見趙州時正好是吃茶的時間，都被趙州請去吃茶。在佛法之中眾生平等，不論你以前來過或沒來過，即使你當了執事也一樣，應該吃茶時就去吃茶。這其實是樁平淡的事，沒什麼奧妙，但被院主一問就問出問題來了。

「吃茶去」的意義在哪裡？「茶」代表道、禪、自性的清淨心，或明心的「心」和見性的「性」。來我這兒的人只有一個目的，而在此住下的人也只有一件事可做，就是以平常心過平常的生活。在什麼時候就做什麼事，在什麼場合就講什麼話，在什麼職位就擔當什麼樣的責任，這些就是在我這兒修行的本分事。你們即使有先到的、有後來的，有擔任職務的，有不擔任職務的，甚至包括我趙州自己在內，都只有這個目的，沒有其他的事。然而連心中也不要有目的存在，到我這地方來，就跟大家一起如常生活吧！

殺人刀・活人箭

問——「殺人刀、活人箭」，看起來是說生殺大權都在我手上，要肯定你也可以，要否定你也可以，全看我自由運用。那麼，要運用殺人刀和活人箭的人，要具備什麼樣的智慧，才能避免出問題？

答——這是馬祖弟子石鞏慧藏禪師的語錄。這位禪師出家前原是個獵人，因此喜歡用箭來接引人，凡是向他問法請道的，他都叫人看箭。這兩句話，刀也好、箭也好，都不是真正的刀和箭，而是智慧。殺人與活人要看怎麼用。殺人是指在適當的時機對弟子斷後路、斷前路，叫他雞急上樑，狗急跳牆，逼得他沒有活路可走，他才會把一切攀緣、執著、妄念全擺下。此時山窮水盡，但突然間活路就在當下。無路可走時，煩惱無從生起，智慧就出現了。因此，「殺」就是斷攀緣心的路線，至於活人箭的「活」是用在什麼時候呢？當弟子失去信心，覺得自己不是修行材料，再怎麼修行也沒有開悟的機會和希望，想放棄修行，這時禪師要給他一條路走。有的用間接的譬喻來提醒他，有的直接指出來，比如「眼睛閉著看不到路，眼睛睜開路在面前」。如果執著到心中有枯、悶、絕的現象出現，老師會給他一句話：「往前跨是死路一條，如果退一步往回走，前程無限。」就是讓他有生路、活路、希望之路以使他轉過來。這有點像傑出的軍事家用兵，沒有一定的規則可循。禪師如果非常高明，不論是用殺人或活人的手段，都能幫助弟子除煩惱心而開智慧眼。如果用得不當，該殺的時候活，該活的時候殺，弟子就倒楣了。同樣地，有智慧的人對自己的子女、學生，皆可因人施教，視當時的情況而給予恰到好處的幫助。

萬法歸一，一歸何處

問——萬法是差別，一是統一。當所有的差別都歸於平等統一，似乎已是最高境界了，還要問「一歸何處」做什麼？

答——這是趙州禪師的語錄。「萬法歸一，一歸何處」，有人說前一句是歸納的，後一句是分析的；前一句是整體的，後一句是個別的。如果僅止於此，這是邏輯分析而不是禪。佛經中是這麼說的：萬法是一切諸法，是千差萬別種種不同的現象；一是指本體或是全體，是完整的、統一的局面。不要把「萬法」和「一」當成兩樣東西。從統一來看是一，從分析來看是一切。可是一即一切、一切即一，這是佛法中所謂的萬法不離一心，跟哲學上的本體不同。從一心中流露出千差萬別，然後千差萬別又回歸一心，此心可以是煩惱心或智慧心。凡夫眾生不斷由種種思想觀念而產生種種行為，以他的行為而感受果報；這是凡夫所處的世界——心生種種法生。

若從菩薩或佛而言，菩薩心中有一切衆生，衆生都沒有離開菩薩的心，那是智慧心和慈悲心，是廣度衆生。佛法是這麼說的，但這是不是禪呢？不是！禪法是不立一法，既沒有生死的煩惱法，也沒有出生死的解脫法。如果把它們分成兩截來看，這就是煩惱。真正解脫的人是既不怕生死也不戀生死，所以沒有一法和萬法的問題。因此，若有人問禪師「萬法歸一，一歸何處」，這位禪師若是德山，一定給他三十棒；若是趙州，他可能會答「庭前柏樹子」或「麻三斤」。「萬法歸一，一歸何處」在此並不代表任何意思，它是提醒你不要有分別心。佛法是有層次的，最高層次是不落階梯，沒有層次。

尋劍客

問——靈雲志勤禪師看到桃花而悟道，因而寫了這首偈子：「三十年來尋劍客，幾回落葉又抽枝；自從一見桃花後，直至如今更不疑。」說他三十年來一直尋求開悟，可是都失敗了，一直到那天驀地看到桃花，終於悟道，再也不迷惑了。桃花是大自然中一個很自然、很單純的存在，就跟趙州禪師的庭前柏樹子一樣，雖然簡單，卻有使人開悟的力量。不過，話說回來，絕大多數人看了一輩子的柏樹和桃花，卻一直沒開悟，這區別在哪裡呢？

答——這區別就在靈雲禪師有三十年尋劍的經驗，如果沒有這個經驗就難了。近代的來果禪師曾說，修行禪法的人如果沒有投下三十年修行的工夫，可能不易開悟。「三十年來尋劍客」，劍是智慧劍，對內可連根斬除所有的煩惱，對外可消滅一切魔境的誘惑和擾亂。智慧一旦出現，內染和外汙都能全部解決。因此，修行禪法的人不是為了求禪定、神通或得到福報，智慧才是最重要的。「幾回落葉又抽枝」，我相信靈雲禪師在這三十年中一次又一次地遇到窮途末路，心中非常蕭條淒涼，一點也看不到開悟的訊息。雖然如此，他也一次又一次地看到枯木抽枝，感到消息的出現。修行禪法的人在心理上、觀念上一再遇到瓶頸，如果沒有堅定的毅力，絕境一旦現前，很可能會放棄努力；修行持續三十年並不簡單。「自從一見桃花後」，桃花是真實的桃花，跟趙州的柏樹子一樣。當他在某一年的春天看到桃花開了，突然發現心中什麼都不見了，只看到滿樹桃花，是那麼地自然、歡暢、優美。這時他意識到自己正如那桃花一般，是自自然然地開出來，無憂無慮，無牽無掛，如此欣然。於是智慧現前！從那時一直到目前，再也不懷疑自己的悟境是不是夠深，再也不懷疑自己是否真的有智慧。過去只是得到一點訊息，一點希望和反應，那並不是開悟，見到桃花才真正開悟。話說回來，他是有三十年的經驗，否則的話，不論見到什麼也不會開悟。

三十年來尋劍客幾回落葉又抽枝自從
一見桃花後直至如今更不疑

啐啄同時

問——母雞孵蛋二十一天之後，小雞從蛋殼內開始破殼，叫作「啐」，母雞發現這個情況而由外破殼，叫作「啄」。啐啄如果不同時進行的話，小雞可能無法存活。「啐啄同時」這句話是如何用在修行上的呢？

答——這是鏡清和尚的一句話。要拿捏得恰到好處，也就是契和機相同，感和應相交，一定是過來人、訓練有素的人、經驗豐富的人，否則不易有這種事發生。啐啄同時是有條件的，老師必須有這個能力和工夫，其次弟子要真有出息，也非常努力，才能紅花與綠葉相配，名師與高徒相映，的確是千載難遇的殊勝因緣。禪宗雖然講頓悟，還是需要善根。善根若不夠，福慧的基礎不足，再如何用功，還是不得其門而入。有的雖已摸到了門，但若心力不足、體力不夠、環境不理想，也很難修行成功。另外一種人條件皆備，也很用功，就怕欠人指導。所以，盲修瞎練是不行的，高明的老師一點一撥的幫助非常重要。修行的人遇到障緣，不論是內心的或環境的障緣，最好的辦法是廣結善緣，並且多做懺悔；廣結善緣是培福，禮拜懺悔是消業。內在的業力減輕，外在的福緣增加，才能遇到貴人。否則僅靠自己拚命用功、盲目修練，最後可能引起身心更重大的魔障，不會產生任何好結果。有的老師在等學生，學生沒來；有的學生在找老師，老師不出現。所謂「恰到好處」是，時機成熟時有老師在觀念上、方向上加以指導、點破或撥轉。如果時機未成熟，觀念的說明沒有用，只能變成知識的了解，對真正的悟境幫不上忙。有許多人研究禪的語錄、公案，甚至講出很多名堂，好像很懂開悟是怎麼回事，其實了不相關。有人不需要幫助就能自修、自證、自悟，通常有這種想法和經驗的人，都不是真的開悟，而是自大狂，入了魔境。因此，要福德、善根加上實踐，才能遇到啐啄同時的好因緣。

青山原不動

問——有人問靈雲志勤禪師說：「如何出離生老病死？」禪師回答：「青山原不動，浮雲任去來。」意思是不是說，生老病死即使如浮雲一般來來去去，只要心中不受生老病死影響就不會起煩惱了？

答——如果從自然現象來看，浮雲在山巔飄來浮去，而山並沒有隨著浮雲的隱現來去而產生變化。如果講到世事無常，青山也是物質現象，怎麼可能不動？現在青山受到許多開發，一下子就不見了。不過，靈雲禪師話中的青山，指的是智慧的心，也可以說是開悟後的悟境，已經見到佛性本清淨，具有不增不減、不生不滅的特質。不論眾生在生死之中如何來來去去，忽而上天堂忽而下地獄，在人間忽而受苦享樂、忽而造業犯罪、忽而行善增福，都是生死中的現象。雖然生與死、來與去都很明顯，可是一定要知道、要肯定佛性人人本具。衆生在煩惱時雖然看不到智慧、福報和能力、能量，但並不等於沒有；正如青山永遠在那裡，即使被浮雲遮蔽，並不表示它不在了，一旦浮雲消失，青山又出現了。其實並不是青山出現，而是因為浮雲消失。浮雲是指煩惱、生死的現象和衆生的分別執著。就是由於這種分別執著的煩惱心態和心念，而使原來不動，從未消失的佛性和悟境，沒有顯現出來。因此，一個悟後的人在看前塵往事或芸芸衆生時，都會有這種「青山原不動，浮雲任去來」的觀察和感受。

一般人如果老是被困於自我的立場和觀念中，失去理性和客觀的標準，就會變得非常盲目。若能拋開主觀的立場，為整體大局著想，聽聽別人的聲音，看看別人在做些什麼、需要什麼，心中就會有不同的世界出現。所以，當主觀變成客觀時，雖不是開悟，但另一番新境界會使我們非常感動。

青山原不動浮雲任去来
靈雲志勤禪师偈語采以爲圖

一翳在目，空花亂墜

問——如果眼睛裡生了一片薄膜，就會干擾視覺，看到很多虛幻不實的景象。同樣地，我們心中如果有主觀、偏見、成見、執著這些東西，也會把環境錯看、誤看，產生不必要的困擾和煩惱。這句禪語的意義是這樣嗎？

答——這是歸宗智常禪師和其弟子芙蓉靈訓禪師的一句對話。長了薄膜的眼睛會看到空中有東西亂舞；如果戴上墨鏡，外界景象就會變黑。其實這都不是外界的東西有變化，而是我們的眼睛生病或有色眼鏡所引起的。眾生在未開悟之前都是這種情形。翳是我們心中的盲點或觀念上、心理上的自我執著，每個人都習慣由他自己的個性、角度來看世間的人、事、物；十個人看同一個人可能就有十種不同的判斷和評語，因為每個人都有主觀的我，甚至同一個人在不同的時間、心情下看同一個東西，也會有不同的判斷。因此，只要我們心中還有一絲自我的、自私的、主觀的意識存在，就看不到真正的那個東西。必須心中寸絲不掛，沒有自我的預設立場，所看到的世界才是用智慧來觀照的。智慧是絕對透明的、沒有障礙的、沒有自我的，是超越於主觀和客觀之上的，這就叫觀照。《心經》中說，用般若智慧來照見人生現象，就能離開一切苦難。

「一翳在目，空花亂墜」這兩句話是點明修行禪法的人，心中要如一點毛病也沒有的眼睛才好。至於在日常生活乃至夫妻之間也是如此，多一分客觀少一分主觀，就能多一分和諧諒解，少一分煩惱爭吵。不要拿主觀的自我來衡量他人，這是做人應該具備的修養。

第四輯

野狐禪

東山水上行

問——有人問雲門文偃禪師說：「如何是諸佛出身處？」禪師答：「東山水上行。」意思是東邊的山在水面行走。一般人一定會說江水是在山邊流動，雲門為什麼要顛倒過來說？而他用這句話去回答那個問題，又似乎風馬牛不相及。

答——在雲門禪師之前，傅大士也說過「人在橋上過，橋流水不流」，這個經驗和東山水上行類似。就一般人而言，人在橋上走，水在橋下流；但從傅大士看來，是橋在流，水沒有流。其實有些人也有東山水上行的體會，《楞嚴經》中亦有「雲駛月運，舟行岸移」的比喻：雲在飄移時，月亮好像在走；船在航行時，兩岸好像在移動。這類幻覺與雲門禪師所說的「東山水上行」是否是相同的意思呢？不一樣！東山水上行是比喻沒這樣的事，正如紅爐一點雪或寒灰中的火星，都無其事。但人往往把真的看成假的，把假的看成真的。從主觀立場出發，因為自己在動，所以外界在動；因為自己的心混亂，所以認為環境混亂。如果倒過來從真實面看，那就成了是非顛倒。是水在山邊流動，而不是山在水上走；是雲在月亮下面飄浮，而不是月亮在走；是船在航道向前行駛，而不是兩岸向後移動。也就是說，不要把幻境當成實境，幻境是不實在的，不是真的。如果我們聽到「東山水上行」這句話馬上就想到實無其事，心中就會非常開朗。比如你丟了一筆錢，難過得不得了，問我怎麼辦，我說：「那是紙，不是鈔票；那並不屬於你，是人家的。」就把你的注意力和執著的心扭轉方向。我們在日常生活中遇到的種種困擾，是經過常識的判斷、觀點的衡量而產生的。如果更深入一層，或從相反方向去看，就不至於那麼痛苦或放不下。「東山水上行」這句話的目的是在解除修行人的執著，從夢想顛倒中清醒過來，使之心無罣礙、明心見性；這也就是指點迷津。

佛是塵・法是塵

問——禪師們常用否定、藐視、狂放或不相干的話將一般人心目中早已固定成形的觀念扭轉或打破。香巖義端禪師的這兩句話也是在叫人不要執著嗎？

答——這種用語其實很多，臨濟禪師也常講「佛是魔」，把念佛、學法視為下地獄的因。這跟一般常識是違背的，初學佛的人要皈依三寶，要信佛、學法、敬僧，而最後目標是成佛。可是《金剛經》中講過一個比喻：「如筏喻者，法尚應捨，何況非法。」筏是船筏，是指佛法，就好比過河用的竹筏，到了對岸，一定要離開竹筏才能上岸。學佛也要捨舟登岸，擺下一切所賴以超脫生死的工具，亦即理論、觀念和方法，才能真正解脫。有人認為一切皆可放棄，唯獨真理不能放棄。但就禪法而言，不論是執著真理或非真理、迷真理或被真理所迷，都不得解脫。

「塵」是土的意思，是能汙染清淨心的東西。外在的一切現象與環境，不論是物質現象、精神現象、心理現象，凡是能用五官、頭腦去接觸、體驗、思考的，都能使我們清淨的智慧心蒙塵。所以禪修者講「佛來佛斬，魔來魔斬」，心中有魔，要用智慧劍一劈兩斷；心中對佛的形相、觀念及任何牽掛執著都要袪除，才能寧靜，才是智慧。「法」是方法、觀念或是門徑、道路。如果我們被佛經中所說的道理方法所占有，老是在用法，那就死在法裡邊，不能從法得自在。

以世間來說，種種學問和技術是跳板或媒介，不要把這些當成不變的、永遠的真理，否則也是個麻煩，使人不得進步。對自己的所知所見不要固守不變，把它當塵看待吧！

無事是貴人

問——臨濟義玄禪師說：「無事是貴人。」我想他的意思並不是說養尊處優的人是貴人，而是心中無事、心無罣礙的人是貴人？

答——世間本無事，庸人自擾之。心中有長短、好壞、多寡、善惡之分的是忙人。他們牽掛太多、計較太多；已經做了的好事記得牢牢的，若是壞事則想盡辦法掩飾辯護，做多做少都要跟別人比較，有成就即得意，不得志則失意。這些人心中有事，叫作有事的人。有的眾生自怨自艾、自己整自己，明明是火坑，還要往下跳，一邊跳一邊喊救命，還一邊埋怨有火；忙著造業忙著受報，這也是有事的人。臨濟禪師說：「無事是貴人。」只要心中無事就天下太平，心中無事就不會有怨家敵人，沒有捨不掉、放不下的人，也沒有特別親或特別怨恨的人，所以他不會傷害任何人，反而對任何人都有益處，因此他是貴人。有事的人是窮人，老是不滿足、老是在追求、老是在貪取。而沒有事的人心中經常很滿足、很自在；即使有錢也不會吝嗇驕傲，沒錢也不會自卑喪志，所以氣質高貴。與人相處或獨處時，都不會讓人有是非或讓自己捲進是非的漩渦；他是個貴人，也是個自由的人。如果經常斤斤計較自己的利害得失而不奉獻自己於他人，即使位高、權重、財多，也是個賤人。因此《六祖壇經》中說：「憎愛不關心，長伸兩腳臥。」心中沒有瞋恨、貪愛，也就是沒有要排斥什麼，沒有要對付什麼，也沒有要追求、爭取什麼，所以可以把兩腳伸得長長地安心睡覺。這是心淨，而不是懶人，他們還是很努力地在接引眾生、教化眾生。

無事是貴人
壇經云憎愛不關心
長伸兩脚卧

若論佛法，一切現成

問——羅漢桂琛禪師說：「若論佛法，一切現成。」這跟師父前面解釋過的趙州的柏樹、志勤的桃花，好像是同一個道理。而佛法既然是現成的，為什麼很多人都覺得佛法好深奧，在外面的人很難進去，在裡面的人鑽不出來呢？

答——本來是無外無內的，也無所謂在裡邊的人或在外邊的人，問題在於迷和悟的差別。就如從未喝過水的人，你無論如何描述水的味道，他就是無法領會，而對於喝過水的人呢？你不需多費口舌，他自然知道水的滋味。過來人和門外漢就是不同。此處講的佛法是指菩提達摩從印度傳到中國的東西，又叫心法，也叫正法。這麼說來，在達摩未到中國之前，中國似乎沒有禪法，也不知道正法、佛法是什麼。然而，佛法並不是因為有人帶來才有，沒有人帶來就沒有。凡是有人的地方本來就有佛法，只是有的人發現了，有的人則一直不知道，沒有智慧的人，也就是自我中心非常强烈的人，其主觀意識蒙蔽了真實的世界，雖然真實的世界一直都在我們面前，但因為是用主觀的自我意識去觀察與衡量，所以把真實的世界扭曲了。即使真實的世界就在眼前，他還是不知道，還要去追求、追問真實的世界。因此，本來一切現成，只因多了一樣東西，所以佛法就不現前了。這多出來的東西，就是自我意識的主觀色彩。

我們對一樁事、一個人的看法和評斷，往往隨著自己的主觀意識和個人心情的好壞而改變，結果發現對同一個對象在不同的時空會產生不同的感受；這表示我們所見到的世界不是真實的。如果在任何時間、任何地方對任何人事物都不加入主觀的自我意識，這就是現成的佛法，這就是智慧。所以，當你的情緒發生波動時，你已經離開佛法了！

步步踏著

問——有位和尚問法眼文益禪師在一整天的生活中如何修行，禪師答：「步步踏著。」這句話很平實、很平凡，也很平淡，跟其他驚世駭俗的禪語比起來，幾乎不會引起任何人的注意。但是它對修行人也好，對普通人也好，應該是非常有用的。請師父為我們開示。

答——這句話的確非常平實，可見禪宗並不是只說一些古怪的話。「步步踏著」實際上跟「一切現成」是類似的。有人認為修行一定要躲到山裡去，把兩條腿盤起來，把身體坐得直直的，把世事都擺下，才叫修行。其實從禪宗的角度來看，那只能叫作休息，不見得是修行。雖然盤腿打坐可以鍊心，但若坐在那兒打瞌睡或打妄想，那叫什麼修行？禪宗所講的修行是日常生活中的每一個時間都要很穩定、很清楚地知道自己在做什麼。走路時就是一步一步往前走，腳下踩得很實在，同時也知道自己是在一步一步往前走，心無二念；這就是最好的修行。同樣地，吃飯時每一口都咬著，挖土時每一鋤都掘著，上課時每一句都聽著，與人談話時專注地對談、發問、解答，而不是天南地北問東答西；這也都是修行。所以，「步步踏著」這句話如果用於日常生活，可以節省很多時間，並能提高工作效率和品質，也會使人覺得你是非常真誠而實在的人。

本來面目

問——本來面目，是不是指在任何對立生起來以前，在任何差別形成之前的那個東西？如果是的話，這個東西，也就是這個本來面目，跟六祖惠能大師另一句話「本來無一物」是否有關聯？或者說本來面目就是本來無一物？

答——本來面目是不是本來無一物？好像是又好像不是。眾生從來沒有成過佛，一開始就跟煩惱在一起，所以本來面目是指沒有煩惱之前的我；或是斷除煩惱之後出現了純粹智慧的功能，這叫「還我本來面目」。因此，如果說沒有煩惱之前的我叫本來面目的話，它跟本來無一物可以說是相同的。但是斷除煩惱之後，所謂還我本來面目，就跟本來無一物稍微不同。還我本來面目之後，沒有「我」的執著，沒有煩惱，可是有智慧的功能和慈悲的表現。既然有智慧和慈悲，就不能說是無一物。所以究竟有沒有本來面目呢？可以說有，也可以說沒有。有人在用功時以「本來面目是誰」來參話頭，可是如果執著於有本來面目的話，大概永遠參不透。我們眼見的、耳聞的，身體所接觸到、感覺到的，以及自己的存在和環境的存在，只要心中不把它當成是煩惱，那就是本來面目。所以本來面目並不稀奇，只是未開悟之前體會不到而已。不過，知道有個本來面目也很好，這好比父母或某個有錢人用我們的名字在銀行裡存了一大筆錢，雖然看不到，但知道有錢在那兒，心中會有安全感，這也不錯啊！

曹源一滴水

問——有一天，一個和尚問法眼文益禪師：「如何是曹源一滴水？」禪師回答：「是曹源一滴水。」和尚聽不懂，茫茫然地走了。「曹源一滴水」是什麼意思呢？而法眼禪師用別人的問題做為答案去回答他，又是什麼用意呢？

答——曹源就是曹溪，是六祖惠能的發源處，所以曹源一滴水是指六祖傳下的法脈。禪宗非常重視傳承，傳承是什麼？就是以心印心。從釋迦牟尼佛傳給摩訶迦葉起，達摩祖師再將之傳到中國，一直到第三十三代六祖惠能，惠能再往下傳，後來分為五家七宗。這五家七宗的中國禪應該都是從曹溪，也就是惠能傳下來的。

其實曹源一滴水並不代表什麼，一般人把它當成法源、法脈、法系、傳承，這又變成語言的遊戲。未喝到曹源的水之前，怎麼說明也是徒然，只需告訴你「是曹源一滴水」就夠了。曹源的水是什麼滋味，只有過來人知道，如果有人喝的是另一條溪流的水，明眼人一看一聽就知道是門外話。

我們可以說「曹源一滴水」並不是真的水，而是修持的工夫和對禪悟境界的肯定。到現在為止，曹源一滴水依然很重要，但是不要以為真有什麼東西叫作一滴水，這是經驗的印證而不是知識的傳授。

野狐禪

問——百丈懷海禪師說法時，常有一位老人去聽法，有一天百丈問老人是誰，老人說他以前也是修行人，曾有人問他：「大修行者也會落於因果嗎？」他答說：「不落因果。」結果竟因這句話而以野狐之身輪迴生死五百次。現在這位野狐化身的老人就請百丈為他說法，老人問百丈：「大修行者也會落於因果嗎？」百丈回答：「不昧因果。」老人聽了這句話就從畜生道解脫了。一字之差或一個觀念的錯誤，會讓人誤入歧途，難以翻身，實在可怕。請師父開示。

答——我們常聽到有人談禪、有人教禪、有人引證禪境，但也聽到他們相互批評是野狐禪。只要我們真正了解野狐禪的公案，也許就清楚誰是野狐禪誰不是了。如果不用功，也沒有親自地、確實地體驗，卻走捷徑、抄近路、取便宜而沾沾自喜，認為自己已經得到禪的悟境或禪的心要，都可能跟野狐禪分不了家。也就是說，如果不講究先付出才有收穫的因果，就是野狐禪。因果可以用兩種方式來説，一種是邪因得邪果，正因得正果。如果是邪因，因為因地不正，果地一定也會遭殃。比如説，要斷除我執才能真正悟入禪境，如果心有企圖，跟貪欲、名利或憤怒、怨恨、驕傲、嫉妒等心念相應而努力修行，雖然修的是禪法，但因因地不正，即使也講因果，亦是野狐禪。如果為求神通、為求感應、為求神祕經驗、為求現生的福利而修禪法，也是野狐禪。這些是邪因邪果的野狐禪。另一種因果的説法是無因而求果或是不相信有因果，這也是野狐禪。所謂無因而求果，是有人認為禪是頓悟的法門，最好不要修行戒定慧，也不要修六度法門，乃至人間的倫理道德也可以擱在一旁，希望用禪的觀念和方法頓悟成佛。這些人也許會有一些心理上的反應和精神上的體驗，卻也是野狐禪的一種。不相信有因果，就跟百丈所見到的那位老人一樣：自己還是凡夫，就否定有因果的現象和法則，即使再怎麼修行，還是落入畜生道而不得解脫。這在禪宗是如此，在一般人亦是如此。人應該走正道，不要投機取巧而走旁門偏道，否則即使獲得一時的僥倖，但落入魔境而不自知，苦頭在後，長久不能翻身。

野狐禪
乙亥夏仲 陳永模

北斗裡藏身

問——有人問雲門文偃禪師：「如何在語言上說明法身呢？」禪師回答：「北斗裡藏身。」事實上北斗星裡能藏身嗎？雲門是不是用這句話來點明法身無處不在？

答——佛的身體共有三種，即法身、報身、化身；成佛的人具備三種身。用智慧證實相，實相是無相的，法身即是無身。因此法身遍於一切處、一切時，但不能說任何一個時間的點，或任何一個空間的念就是法身或不是法身，法身沒有定相。報身又是什麼呢？報身是佛修行的功德所成的身體，是福德智慧莊嚴身；佛在由其願力所成就的佛國淨土中說法度眾生，用的就是報身，也就是已經超凡入聖的菩薩們所見到、所接觸的那個佛的身體。它可以是千丈身或萬丈身，不同福報的菩薩就看到不同的佛之報身。它不是人間父母所生的身體，而是一種功能所產生的現象身。至於化身就是凡夫所見的佛，是由凡夫的人間身所生的，跟人類的身體完全一樣，不過比一般人更健康、更莊嚴，讓人見到之後自然生起恭敬心；那也是福德相，是為度凡夫衆生的脱胎化身。釋迦牟尼佛的身體在印度出現，那就是佛的化身。當人成佛時，三種身體同時出現，也同時完成。當人修行禪法而開悟時，則親用慧眼見到佛的法身，也見到自己的法身。法身是什麼樣子呢？法身是無身，是無相而無不相；也就是說沒有一個現象是它，也沒有一個現象不是它；亦可説處處是佛、處處都不是佛。

有人問雲門禪師，法身究竟是什麼？他回答：「北斗裡藏身。」在中國人的信仰中，南極仙翁掌管人的壽命，北斗金星掌管人的死亡。北斗裡藏身，等於是説他的身體在死神的手裡，也等於沒有這個東西。而既然沒有身體，北斗也好，南斗也好，它處處在也處處不在；即使説它在北斗，也沒什麼不對。雲門禪師用「北斗裡藏身」來回答法身，不是比喻，而是説明，是非常簡潔、明白、有力的一句話。

證龜成鱉

問——有人問香林澄遠禪師：「如何是室內一盞燈？」香林禪師回答：「三人證龜成鱉。」香林禪師的意思是不是說，嘴巴講出來的跟實際的東西有差別，你還是自己去體驗吧！

答——「室內一盞燈」這句話是從《楞嚴經》「千年暗室，一燈能破」而來的；這盞燈指的是慧燈，也就是智慧的燈，或是明心見性的悟境。千年暗室是萬古以來從未亮過的黑暗的房間，指的就是眾生的無始無明。暗室這個東西其實是不存在的，只因無明把眾生的智慧蒙蔽了，所以只見無明的黑暗，不見智慧的光明。有人問香林禪師千年暗室的這盞燈是什麼，這可能是外行人問的話，也可能是內行人用功用得很久，知道自己在暗室中，但怎麼也出不來，所以希望求得明師點他一下。香林禪師說：「如果我告訴你，難免有偏差，就好像證明烏龜為鱉。」鱉就是甲魚，跟烏龜雖頗相似，但並非同一種東西。如果你看到的是烏龜，而別人卻說那是甲魚，結果會使你誤把烏龜當甲魚。所以如果你未看過甲魚而想知道甲魚的樣子，我還是不說的好，你自己想辦法找到甲魚之後，自然會知道甲魚不是烏龜。

禪宗重實際的經驗，不重理論的分析和說明，它要你直接去接觸它、體驗它，而不僅僅用頭腦去想，用嘴巴去說。常有人批評只講禪、講經而不親自體驗修行的人是「說食數寶」——只用嘴巴描述食物而未真正吃到，手上數的是別人的寶貝而不是自己的。因此，禪宗的精神是什麼？就是實際的行動、實際的生活、實際的體驗。

第五輯
一日不作，一日不食

久坐成勞

問——有人問香林澄遠禪師：「如何是西來意？」香林禪師回答：「久坐成勞。」表面意思是打坐打得太久了，感到疲倦了。這句話答得很妙，可是說不出來其妙何在，請師父開示。

答——禪師回話的時候，常以反問做回答，或以破執為回答，很少用解釋來回答，也可以說不用解釋、不用說明來回答。「久坐成勞」這句話是把問題擋回去，不一定要想像其中有很多意義，但我們也可以從另一個角度去體會。本來，打坐坐久會開悟才對，如果工夫不得力，方法用不上，則會很疲倦。話說一般人修行時有兩大障礙，第一是精神好、體力充沛、腦海中雜念很多，叫妄想紛飛；第二種是用功用久了，身心都疲憊了，此時出現的是昏沉、瞌睡的情況。這兩種情況比較起來，昏沉要比妄想更差，昏沉等於在睡覺，一點都無法用功。散亂時雖有妄念，還知道自己應該用功，偶爾有幾個念頭是用方法、在參禪。香林禪師這般回答，是把修行人最差的狀況說是祖師西來意。問話的人很可能是非常努力精進不懈怠的人，希望很快就發現祖師西來意而久久無法如願，所以香林禪師點他一下，不要執著用功用成那個樣子嘛！久坐成勞也許就是你所要找的東西。這個回答也許會使此人把用功的心態馬上轉過來，心態一轉可能就進入悟境。真是踏破鐵鞋無覓處，得來全不費工夫。從這個角度來談「久坐成勞」這句禪語應該也可以吧！

前三三．後三三

問——無著和尚跟弟子說了一個故事，他曾在五台山拜見文殊菩薩，文殊菩薩問他從哪裡來，他說從南方來，文殊菩薩又問他南方的佛法如何維護，他說末法時代無人守戒律，文殊菩薩再問他究竟有多少比丘，無著和尚說大約三百人到五百人之間，然後問文殊菩薩這裡的情況如何，文殊菩薩回答：「凡夫、聖人都有，龍蛇也混雜在一起。」無著和尚又問：「那有多少人呢？」文殊菩薩回答：「前三三，後三三。」請師父為我們說明這句話。

答——「三三」兩個字在此處不能用數字來定義，這句話的意思是「差不多」，前面跟後面差不多，好的跟壞的差不多，南方的佛法和北方的佛法也差不多。無著和尚跟文殊菩薩的這段對話只是個故事，但它自有涵義。有人認為文殊菩薩是在北方的五台山，因此千里迢迢不辭艱苦從南方到北方，希望能見到文殊菩薩，能夠得到正法。哪知文殊菩薩卻告訴他，我們這裡跟你那裡一樣；也就是說佛法到處都一樣，你來此若心眼不開，一樣見不到佛法。

釋迦牟尼佛時代，有兩個比丘在遠地出家之後，一心一意要到此方見釋迦牟尼佛。一路上看到所有的水中都有蟲，其中一位比丘為了不殺生，結果渴死了，另一位比丘想，未見到佛就死了，多可惜！因此他未守不殺生戒，喝了水維持了生命。他到了釋迦牟尼佛面前，佛告訴他：「跟你同樣要見佛的比丘早已見過我了，你現在才到啊？」佛又說：「如果你在千里之外能實踐我的法、守我的戒，等於就是見到我了。如果不實踐我的法、不持我的戒，你雖然看到我，等於沒看到一樣。」因此，文殊菩薩所說的「前三三，後三三」，對於那些到處追隨名師，到處去問佛法的人是當頭棒喝。若能真正了解佛法，一句、兩句一直用下去，也就可以了。如果懂得很多、跑了很遠、見了很多善知識，可是沒有實踐佛法，也等於沒有出門、沒有修行。不過這句話是對那些專門跑碼頭的人講的，至於需要參訪善知識的人，該參訪還是要參訪。

學者恆沙無一悟

問——洞山良价禪師在圓寂之前作了「學者恆沙無一悟，過在尋他舌頭路，欲得忘形泯蹤跡，努力殷勤空裡步。」這首偈，諄諄告誡學禪的人不要在口舌和書本上用功，如果要徹底解脫，就要像虛空一樣。可是洞山禪師自己還是說了不少話要後人聽取啊？

答——對禪修者而言，過來人的話是最真切的，特別是涅槃前的談話，真是老婆心切。歷來禪悟者留下很多經驗談，叫人不要從文字、語言、知識、思辨去用工夫，但他們留下的話卻又讓後來人看到更多文字，讀到更多書，講更多話。但我們必須了解，如果沒有文字、語言或經典、語錄來指點我們，告訴我們有關禪修、禪悟的消息，那就變成盲修瞎練。可見，人類若真想得到大智慧，還是需要語言文字的思辨，做為方向指導。一旦得到方向指導後，就要告訴自己和他人，不要死在句下，也就是不要執著於佛和祖師的經教，那跟自己的悟境體證沒有相關，只不過是在觀念上得到一些知識，對實際經驗並無幫助。實際上禪師們不一定否定語言文字，而是叫我們不要被語言文字所轉。洞山禪師這首辭世偈是說，像恆河的沙那麼多的修行人沒有開悟，原因在於他們只是尋章摘句，行文求義，從文章之中找真理，那就變成思辨和想像，而不是經驗。如果希望把頭腦中的種種形跡，也就是觀念和影像全都除掉，必須有什麼就丟什麼，把頭腦放空，空到像虛空一樣。後來曹洞宗的修行方法，就是先把所有雜念去除，然後把正念也放下，心中萬里無雲；不但沒有雲，連星星、月亮也沒有，那就是無盡虛空。這是開始用功，不一定是悟境；腦中雖然什麼也沒有，但也不是一片茫然，而是空靈寧靜，清楚分明。現代人如果每天挪一些時間用用這個工夫，不論站著、坐著、躺著，把一切都放下，只留下空靈寧靜，實在是一大享受。試試看，雖然不一定完全成功，也滿舒服的。

寒殺闍梨・熱殺闍梨

問——有位和尚問洞山良价禪師：「寒暑來的時候，要躲到哪裡去？」禪師回答：「你何不躲到沒有寒暑的地方去呢？」那和尚又問：「哪裡是沒有寒暑的地方？」禪師答道：「就是冷起來冷死你這個和尚，熱起來熱死你這個和尚的地方。」洞山禪師為什麼要如此回答？

答——很多人都希望逃避麻煩和推卸責任，希望能找到一個稱心如意的洞天福地，不要有嚴寒，也不要有酷暑；不需負擔任何責任，也不需面對問題的考驗。其實我們從出生以後就不斷面對種種責任和種種考驗，而寒與熱也是世界上很平常的現象。自然的環境、社會的環境和我們自己身心的反應都有種種苦惱。所以和尚問起什麼地方可以躲開寒暑？什麼又是那沒有寒暑的地方？洞山禪師說熱把你熱死，冷把你冷死的地方是最好的地方，因為把你冷死、熱死，你已經死掉了，還會怕熱、怕冷嗎？也就是說當這個好逸惡勞的「我」，貪生怕死的「我」還在的話，你總是逃不掉的。你有樂的時候一定有苦跟著你，有生的時候一定有死伴著你。所以，只要把你的「我」去除了，就是最好的避寒避暑的地方和方法。到這個時候，寒沒有什麼可怕，熱也沒什麼可怕。無法逃避的事一定要發生時，就讓它發生吧！接受它就等於把問題解決了；如果逃避它，問題永遠解決不了。

一日不作，一日不食

問——「一日不作，一日不食」是百丈懷海禪師的家風，它看起來很淺顯，如果一天不工作，就一天不吃飯。我們大多數人也是天天工作，不過是擔心如果不工作就沒得飯吃，好像被動的成分居多，跟這句話原來的境界相差很遠。請師父為我們開示。

答——普通人是以果為因，百丈是以因為果，在觀念上並不相同。百丈並非沒飯吃，但他說，如果我不工作就不應該吃，如果我要吃就一定要工作。這也就是說，要付出才能獲得，若不付出就沒有資格獲得。這是正確的因果觀念。有時，付出也不一定有回收，何況根本不付出，哪有回收？昨天付出是昨天的事，如果今天尚未付出，今天就得付出，要一天一天地算。一般人則是為了等一下有飯吃才工作，或是明年可能沒錢所以今年要工作，或者老年可能貧苦無依所以現在要儲蓄，這都是被動的。「一日不作，一日不食」，這種從每一天來著眼的精神，從古到今一直影響著佛教積極付出的精神。在釋迦牟尼佛時代，有一位農夫看到釋迦牟尼佛托鉢乞食，農夫就問：「喬答摩，我們工作種田，所以有飯吃；你不工作種田，怎麼也要吃？」佛陀回答：「對！你是在耕田，我也在耕田。你耕的是土地，我耕的是心田，我在眾生的心田播撒善根的種子，讓它長出豐富的善根福德來，所以我也在耕作。」農夫說：「既然如此，你也該有得吃。」中國社會沒有乞食的風俗，出家人在山中自耕自食，所以百丈清規中最重要的一條就是大家一律要到山坡上耕作，稱為「普請」，上自大和尚下至小沙彌，無一可免。百丈年紀很老了，弟子體恤他，把百丈平日用的農具藏起來，使百丈無法下田工作。當天中午大家都在用餐，百丈卻不肯吃，弟子問他為什麼，他說：「一日不作，一日不食。」一直到現在，出家人仍然非常重視集體的勞動，工作的時間甚至不比在家人少。在家人還在昏睡美夢中，出家人已經起床了。晚上在家人應酬、聊天、娛樂，出家人拜佛、打坐、聽經。假日期間在家人去休閒，出家人則全力投入修行。這就是中國出家僧侶的美德，其養成就是從百丈懷海禪師開始的。「農禪寺」的名字即是先師東初老人根據百丈以務農為禪修的生活而取的，他也希望我們有這樣的家風。

一日不作一日不食
在釋迦牟尼佛時代一位農夫看到
釋迦牟尼佛托鉢乞食農夫問
喬答摩我們工作種田所以有飯吃
你不工作種田怎麼也要吃佛陀回
答對你是在耕田你耕的是地
我耕的是心田我在眾生
的心田播撒善根的種子
讓它長出豐富的善根
福德來所以我也在耕作
農夫說既如此你也該有
得吃
乙亥夏
永模

覓心了不可得

問——二祖慧可禪師對菩提達摩說：「我的心不安寧，請幫我安心。」達摩說：「把心拿來，我替你安。」慧可沉默了好久，說：「覓心了不可得，找也找不到。」達摩說：「好了！我已經把你的心安好了。」意思是不是說，連心都不存在，還有什麼安寧、不安寧的問題呢？一般人最常感受到種種心境的出現，比如心痛、心焦、心急、心慌、心悸等等，如果跟他說「你的心其實是不存在的」，大概很少人會接受吧！

答——一般人的煩惱心不斷在波動，豈會承認無心呢？當然，也有人說：「我沒想到做這樣的事，說這樣的話會使你傷心，我是無心的，你不要在意。」這種無心是搪塞、推諉吧！是為自己辯護，把責任推得光光的。人除非睡熟了或失去知覺，否則是不會無心的；粗心也是有心。「覓心了不可得」是相當不易的工夫，只要看過禪宗公案歷史的人都知道這個故事。慧可去見達摩之前已經修行很久，只因心不安所以去問達摩祖師。達摩給他的是禪師的反應，禪師往往不給弟子正面的解答，而是把問題轉過來還給他，要他自己找答案。這是最好的方法，也是最有效的回應。如果順著人的心給它說明、解釋、分析，心會愈來愈亂，想得愈來愈多，離開智慧愈來愈遠。因此達摩要慧可把心找來，實際上沒有心這個東西，那只是一個個念頭的起伏。前念滅，後念起；後念起，前念滅，念頭不斷起滅。如果很認真地找自己的心，在尋找的當下，霎時扣住煩惱起伏波動的心，這個心竟然不見了，剩下的是平靜的、安定的，甚至沒有念頭的一種經驗。這不能稱為是心或念，而是一種體驗。人的心沒有頭、沒有尾，也沒有痕跡，無處可覓，有的只是雜念而已，是一團煩惱心、分別心、執著心、自我中心的組合。如果發現這個事實，實際上就是開悟了。

如果你試著找自己的心，一定愈找愈多，邊找邊想，念頭紛飛。當你不再想時，這也是念頭，因為你在想自己的心並沒有在動，這當然是念頭。為什麼慧可做得到呢？因為他已經修行很久，遇到達摩一句話打回來，把他的妄想、分別、煩惱、執著的念頭打得粉碎，終於發現心了不可得；無心可安，才叫安心。

兔角不用無，牛角不用有

問——有和尚問曹山本寂禪師說：「即心即佛的道理我就不問了，但什麼是非心非佛的道理呢？」曹山禪師說：「兔角不用無，牛角不用有。」兔子本來就沒有角，而牛角是天經地義地存在，曹山禪師為什麼要這麼說呢？

答——即心即佛也好，非心非佛也好，兩句話都沒有錯。但從實際體驗來說，講出這兩句話已經離開心佛的事實，只是文字、口舌、思辨、觀念，既不是心也不是佛。許多人認為即心即佛是對的，衆生是諸佛心中的衆生，諸佛是衆生心中的諸佛，因此在經典中說「心佛衆生，三無差別」。但若牢牢執著衆生心就是佛的心，佛的心就是衆生的心，這也是錯的，因為佛畢竟不是衆生。這二者的差別何在？站在開悟者的立場，即心即佛是對的；站在未開悟者的立場，即心即佛是錯的。因此講非心非佛是為了破除衆生的執著！沒有這個執著才能放下對於佛境、佛性的執著，才有希望真正開悟。所以講非心非佛也是對的，可是講這個對眾生卻有問題——既然不是心也不是佛，那究竟是什麼？既然沒有心也沒有佛，修行又是為了什麼？釋迦牟尼佛度眾生更是為了什麼？所以這句話要看你怎麼用，用得恰當就是對的，用得不當就是錯的。因此曹山禪師用「兔角不用無，牛角不用有」來比喻，化解了這個問題。在一般的常識中，牛有角，兔沒有角，但你不要在常識中兜圈子，要把常識的觀念擺下來。如果有人告訴你兔角不一定沒有，牛角不一定有，這就把常識世界的心態一下子扭轉過來，不再鑽牛角尖了。他針對一般人以常識做判斷，以咬文嚼字做工夫而加以破除，用兩句違背常情常理的話把思辨的問題解決了。有禪師說生薑是長在樹上的，皂角（豆科植物）是長在地上的，他倒過來講，為的是什麼？是打斷你常識的思惟和執著，叫你親自去體驗，不要老在文字上兜圈子。

大機大用

問——溈山靈祐禪師曾對弟子們說：「如許多人，只得大機，不得大用。」只懂得禪的奧妙卻不會活用，毋寧是件憾事，如何從大機進入大用呢？

答——大機大用是大善知識。有些人由於慧根和福德因緣的關係，能有很深的悟境，很厚的工夫，是非常偉大的開悟者。但囿於環境的因素，或是他本身在表達技巧、技術和知識方面之不足，卻不能有大用，只能自己受用，無法與他人分享。所謂大用現前就能以福德智慧隨機應化，廣結善緣，到處法緣殊勝。有些大禪師的座下開悟者不乏其人，但對當時和後代有影響的，只有少數幾個。有些即使已經開悟，但無因緣讓他們廣度眾生，比如辯才不夠、親和力不夠、一般常識不夠、對世間法不熟、對佛經也不能靈活運用；只知道自己內心非常明朗踏實，觀念非常正確。這好比茶壺裡煮餃子，倒不出來，也就是大機不能大用。社會上有些人也是大機不能大用，有的自認福德不足，過去沒有好好結人緣，所以因緣不成熟；有的憤世嫉俗，覺得自己懷才不遇，被世人遺忘；有的則認為社會不公平，自己遭排擠，小人當道，好人不出頭。我們該知道：大機大用不能强求以得，有大機不一定能有大用。其實有大機也很好，儒家說「窮則獨善其身，達則兼善天下」，能夠獨善其身也算大機，若能兼善天下就是大用。盡力而為非常重要，但盡力之後仍然不能產生大用的話，那就是因緣不具足，不必强求。

求生不得，求死不得

問——有位出家人對曹山本寂禪師說：「我全身都是病，請師父幫我醫治。」曹山說：「不醫。」和尚問他為什麼，曹山說：「我要叫你求生不得，求死也不得。」曹山為何用這種方法？它會產生什麼效果呢？

答——普通人都求生而怕死；也有一些人認為生不如死，因為活得太沒意思，所以想死。這種觀念都是錯的，非死不可時，求生無用；未死時求死，豈有此理。

若有因果觀念，知道生死有一定的時間，要改變它的話，只有少數人能夠做到，例如佛、阿羅漢與大修行人可以留壽，本來在某個時間應該死，但可以在人間多留幾個月或幾年，又如大惡之人本不該死，卻可能橫死或早死，譬如糟蹋身體而死、違法亂紀而死、被謀殺而死、或因天罰而死。除了這些例外，一般人的生與死都是確定的，求生或求死都是多餘的。

這位出家人要曹山禪師治他的病，該病其實是心病，也就是煩惱。但是心病不是任何人能醫的，即使醫了也只是表面，不能徹底。所以，有煩惱的人向心理醫生求助也很難將之根除，必須經常找他談話，也許要找一輩子，也許心理醫生自己也害起病來。心病要無所求，也無所捨才能醫治。

站在禪宗的立場，凡有執著、有我、有所求、有所避，皆是病；求醫治病也是病，因為那是自我的執著。若不求生也不求死，這就是平常心、無我無私的心，此即解脫。若真要治病，解脫是最好的方法了。曹山說：「我要你求生不得，求死也不得。」實在是沒有「生」這個東西，也沒有「死」這回事，只要擺下生與死的問題，你就沒病了，就可以解脫生死。

這兩句話非常有意思，大概只有禪修或禪悟的人才能體會，不過一般人也可以學習，不要貪生怕死。貪生不一定能長壽，怕死也不一定有用，不貪生怕死則可能活得舒服一點，也會長壽一點吧！

凡聖兩忘

問——仰山慧寂禪師有位傑出的弟子光涌，有一天仰山問他：「你看師父像驢子嗎？」光涌說：「看師父也不像個佛。」仰山再問：「不像佛的話，像個什麼呢？」光涌說：「如果像個什麼，那跟驢子有什麼差別？」仰山大為讚歎：「凡聖兩忘，情盡體露。」是否光涌已擺下對立俗情，明心見性呢？

答——對呀！像驢子也好，像人也好，像佛也好，都是執著。一般人執著於希望自己偉大或覺得自己偉大，因此熱衷於追求名望、財富和地位。但從佛法的立場看，名利都是虛妄的、暫時的，都是不可靠的；內在心的寧靜、清淨、安定才是最好、最實在。

如果時時計較於希望成為聖人或覺得自己已是聖人，把別人視為凡夫，這種心態有待商榷。希賢希聖是世間的學問和觀念，但從禪的角度而言，這雖好，但不夠好。好處是能使人上進，但若把凡聖當成截然不同的兩個型態，就變成形式化、偶像化，不易被大眾共同體會和學習；即使學習也易流於虛矯、模仿，學習不成則會消極、灰心。應把凡聖的問題丟掉，自己與眾生平等，自己與佛平等，如此才能成聖、成賢、成佛、成菩薩，否則永遠在凡夫階段。

自認是聖人的人依然是凡夫，因為他有對立的觀念存在。他可能知識高、反應快、自信強，但那也不一定是真的自信，他也許威赫一時、一呼百應而洋洋得意，其實他可能是個侏儒，一旦失勢則如病貓，見了什麼都怕。唯有把凡夫和聖人的界限和執著放下，和光同塵，春風沐雨，才是禪的境界，才是自然的、平常的，不是凸顯的、造作的。

仰山和光涌放下凡聖的兩截，站在平等的立場，像什麼都可以。

一般人對禪語無法理解，其實很容易明白。心外是有差別的，差別現象是外在的事實，但心中不要有差別心。少一點差別心的執著，對自己可以少一些煩惱，對外界可以少一些傷害。

第六輯

我狂欲醒，君狂正發

放下著

問——嚴陽尊者問趙州從諗禪師：「一物不將來時如何？」也就是修行到心中無一物的時候該怎麼辦。趙州說：「放下著。」尊者又問：「已經無一物了，還放下什麼呢？」趙州答：「你放不下的話，那就擔起來吧！」尊者當下大悟。這個故事是不是說，即使心中無一物，如果抱著這個境界不放，也還是有一物，不得解脫？

答——非常正確，很多人說：「放下了！放下了！」真的放下了嗎？「放下」是不容易的事；放得下也有層次，看你怎麼放。有人叫人放下，自己放不下，這是最下的層次。有人根本沒擔起來，有什麼好放下？不過他看不慣，充滿憤怒、猜忌與怨恨，這也是放不下。有人名利、權勢、地位都有，應該沒什麼放不下，但心中卻有煩惱的情緒放不下。提得起的人不一定放得下，放不下的人根本就提不起。

有人資質平凡，庸庸碌碌過一輩子；有人很聰明、有學問、也很能幹，結果也庸庸碌碌過一生。因為他放不下自己，心中梗著非常大、非常粗、非常重的「我」，執著自己的想法、作法、人格等等，提不起自己和他人的義務與責任，結果人人不敢用他，甚至不敢跟他做朋友。

這則公案所講的「放下」，應該是另一個層次，那就是自認已經放下，到處告訴別人他已放下，也在叫人放下。這種人是正在修行而且已經修行很久的人，身無長物，什麼也不需要。出家人可能夏天只有一件葛衣，冬天只有一件蘆花襖，其他什麼也沒有。但若認為這種情況就是放下，那就錯了，因為他還有「放下」的念頭，所以未放下。

真正的放下是既不認為自己已放下，也不以為自己放不下；應該擔起的責任和義務照樣去做，應該接受的權利若能以之造福人群，也可以接受。

有人問我要不要錢？我說要；有人問我能否放得下錢？我說能。因為我要了錢，不是拿來享受而是去利益社會、弘揚佛法，我在幫他用錢而已。

放下的意思並不是什麼也沒有、什麼也不要，而是心中沒想到：「這是我的，那不是我的；這是我不要的，那是我非要不可的。」即使是成佛的念頭也要放下，這才叫放下。禪宗說修行要修到一絲不掛，好的壞的念頭、種種執著都放下，這不容易做到，但不妨揣摩著試一試。

迷己逐物

問——「迷己逐物」的意思一般人大概都懂，但也許只是膚淺的了解。請師父從禪的角度來闡釋這句話。

答——這是鏡清禪師的話，意思是迷失了自己而隨外境動搖，沒有方向原則、立足點，只要環境有些風潮，就跟著去了。這也叫隨波逐流或牆頭草。

逐物的「物」是物質，包括人的、事的以及物品的現象和動態。有的人受誘惑而喪失自己，有的人不知道如何安頓、安定自己，專門向外追求。有的追求女人，以女人做為安慰，但玩過之後仍無法心滿意足，又去找別的女人。有的心煩意亂，去找歡樂；歡場中除女人之外就是酒，紙醉金迷酒足飯飽，第二天照樣煩惱，再去喝酒。凡迷失在物質中的人，愈陷愈深，愈覺得空虛而沒有安全，所以拚命地追逐。

迷失在酒色之中的是下下等人，另一種人則迷失在名利權勢之中。他們大概覺得玩女人沒有品也不夠水準，老是酗酒變成酒徒也不為社會所認可，所以追求名、利、權、勢，這些也是物質現象。如果人就是為了這些東西而追、追、追，那就失去了自己。

有些人在年輕時曾有一些抱負，想為人類社會造福，然而一旦捲入名利的漩渦，馬上迷失自己。別人害人，他也去害人，否則無法擠上那種人人覬覦的職位；對於財利也必須不擇手段耍盡心機，否則無法獲得。

大環境就像個大染缸，跳進去之後就不易保持乾淨。出家人雖不致被酒色名利所迷，但當別人讚歎他，他便心花怒放；別人送他供養品，他便心生歡喜，這就是失去自己。

所以，不論環境給你什麼，只要心中有所動搖，產生情緒反應，就是迷己逐物。在日常生活中，夫妻吵架、兄弟爭執、聚眾滋事、議事動怒等等，應該也是迷己逐物吧！

我狂欲醒，君狂正發

問——牛頭智巖禪師出家前曾是立下不少戰功的將軍，出家之後進入深山修行，他的兩位昔日的同袍去看他，一路高山榛莽，野獸出入。找到牛頭禪師時，只見他在一座非常簡陋的茅舍中打坐。這兩人滿懷疑惑，問牛頭說：「將軍，你瘋了嗎？為什麼一個人在這裡過這種日子？」牛頭答：「我狂欲醒，君狂正發。」必須是大徹大悟的人，才說得出這句話吧！

答——的確如此。許多人認為修行人是瘋狂的，省吃儉用把錢送給別人花也是瘋狂的，將自己的高位讓給別人更是瘋狂的行為。一般人都認為：要滿足私欲而爭名逐利、尋歡作樂是正常事，因為，人不追求這些，豈不枉活一生？

但是牛頭智巖禪師或所有的禪師都會這麼說：「修行的人、入山的人、把一切放下的人，才是清醒的人；還在追求的人則正在發狂。然而正在瘋狂的人大概不會承認自己瘋狂。」

我看過很多喝得酩酊大醉的人，已經快倒下去了，還嚷著說：「我哪有醉？再來一杯！」別人看他很可憐，已經醉成這樣，還高喊沒醉，還要繼續喝。

我們都知道地球本身在轉動，有自轉也有公轉，當年哥白尼發現這個事實的時候，基督教教會卻不准他公布，說他瘋了。哥白尼是不是瘋了呢？其實，是瘋了很久的人，不知道自己瘋了，社會上有很多人就是如此。

《楞嚴經》裡描述這麼一段故事說：有一個人清晨醒來，發現自己的頭不見了，就到處尋找，逢人便問：「有沒有看到我的頭？有誰看到我的頭？」別人告訴他：「你的頭好端端地在你脖子上。」他總是不相信，當他走到河邊猛然一看：「咦！我的頭果然還在。」

人就是如此認為追求物欲是正常的，但愈追求愈累，到死還放不下，還認為這樣才有意思。那又何苦？一切都為自己追，追到最後仍是一場空。

如果不為自己追求，把物欲看淡、拋開，奉獻自己，服務他人，為眾生解決苦難，為社會大眾謀福利，到最後還有什麼放不下？捨不得？因此，有修行的人是放下自我和物欲的追求，擔起修道弘法的責任和義務，所以，他沒有狂。

不過，「我狂欲醒，君狂正發」是針對面前正在發狂的人講的；在一般情況下，牛頭禪師不會說自己清醒而別人發狂，否則變成孤芳自賞、自我清高，又是一種執著。他是看場合、對象才這麼說的。

我狂已醒君狂已發
牛頭智巖禪師語

無功德

問——南朝梁武帝問菩提達摩說：「我建寺齋僧，有什麼功德？」達摩劈口就答：「無功德。」潑了梁武帝一頭冷水，可能有不少佛教徒覺得這盆冷水也潑到自己身上。這個問題請師父開示。

答——就佛教徒以及民間的道德標準而言，功德的觀念相當重要。某些團體提倡功德、講求功德，使人感覺對他人、對社會、對佛教布施行善就有功德，所以願意去做。如果一開始就跟他說不論做什麼都沒有功德，誰肯做好事？誰肯做慈善救濟的事業？

功德的意思是「善得善報」，等於投資的觀念和行為。自己省吃儉用，多餘的錢存進銀行，或者投資在信用可靠的公司或機構，本錢利息都是自己的。一般做「功德」，大概都是這種心理。雖不是把錢真的放在世間有組織的財團，然而，做好事天知道、地也知道，自然會有好結果；萬一自己得不到，兒孫也會得到。中國人說：「積善之家，必有餘慶；積不善之家，必有餘殃。」這也是功德的觀念之一。

所以，「無功德」這句話對一般佛教徒而言，陳義過高，難以接受。但是菩提達摩是為了提醒梁武帝，齋僧、布施、起塔、建廟，當然是功德，不過不要執著功德，才是最大的功德。他希望能提昇梁武帝的境界，不要為了做功德，才做弘法利生的事業；也不要做了弘法利生的事之後，認為那是功德，這樣才能超越自我，才能得解脫。

有些人認為行善就是行善，該做就做，不求回饋，這種態度就不是為了求功德。達摩若跟這種人談話，大概就很投契了。

無功德是否真的無功德？不是的。這好比一直存錢，沒想到要提出來；一直投資，沒想到要撤資、抽紅。這就成了無量功德，功德更大。

如果斤斤計較功德，天天計算自己存了多少錢，時時想著什麼時候要提出來，這樣一來功德大概很小，到最後可能根本沒有功德，因為已經得到回饋，享受完了。

「無功德」這句話實際上是一語雙關：自認有功德的人其實功德很小；不計較功德、不求回饋，這樣的功德才是最大的功德。

隨處作主，立處皆真

問——臨濟義玄禪師說過「隨處作主，立處皆真」這句話，是不是說隨時隨地都不要迷失自己、被外界牽引？

答——隨處作主很難。在任何時間、地方都不受到人、事、物的影響而隨波逐流、搖擺動盪，心中清清楚楚、明明白白、穩穩當當的人，才能隨處作主。

置身於花天酒地的場合能否作主？置身於千軍萬馬的戰場能否作主？置身於臭氣沖天的穢地能否作主？置身於世外桃源的仙境能否作主？大多數人必須在沒有任何環境的誘惑、干擾、刺激、衝突的情況下才會覺得很自在、很愉快、能肯定自己，一旦遇到境界現前，比如讓你大瞋、大怒、大貪的現象發生，還能心不動，不會六神無主，這才是做得了主。

據說中國以前有位柳下惠，有美女坐懷而不亂，他究竟是行為不亂或心不亂？行為不亂也許有人可以做到。他可能很有教養或者考慮到後果。但是心會不會亂呢？可能會矛盾一下，於是心已動，心弦早已振盪了。第二個念頭是「要不要拒絕？」第三個念頭是「拒絕」，因為怕惹麻煩，怕對不起自己也對不起別人。真正做得了主的是「身心皆作主」，身不亂，心也不亂，不受任何誘惑、刺激或逆境而亂。

比如身處沙場，要嘛就奮戰，要不就陣亡，一旦決定好了，心就不亂。可是一般人臨死總會恐懼害怕，所以「隨處作主」不容易。當想死或不想死的念頭很難把握時，心還是動的。

若能隨處作主，處處都是真的。「真」是沒有你我、是非、利害、得失，也就是超越常情、凡情，凡情就是執著、放不下。到了「立處皆真」的時候，本來面目就出現了。

如果身心作不了主，受環境影響，結果反映出來的都是環境。環境的幻影在你心中晃動，你也跟著動；你不但失去了自己，也失去了真正的面目。

勢不可使盡

問——宋朝佛鑑禪師在太平寺當住持時，他的師父法演禪師送給他四個戒句，稱為「法演四戒」。第一句是「勢不可使盡」，是不是說凡事應留餘地？可是一般人卻喜歡乘勝追擊。法演禪師這麼說是什麼用意呢？

答——「勢」即「勢力」。我小時候學過太極拳、少林拳，老師教我們出手、出拳、出招要蓄勢而發，發招之後不要把力用盡、把勢使完，否則沒有後退的餘地。手肘尤其不能打直，否則破綻被人看到，非敗不可。因此要守勢，出招時要留下兩、三分，隨時可收招，又可出新招，這才靈活。

常聽人說「竭澤而漁」，把池塘的水全部弄盡，把魚全部撈光，以後再也沒有魚了。又比如暴發戶，一下子有很多錢，拚命花用，一下子又變成窮光蛋。如果你有十元，最多用掉六塊錢，不要花得更多。為什麼？為了準備、儲備、後備。所以，勢不能隨便用。

社會上常有運用權勢壓人的情況，這會產生兩種問題。第一，用權勢會樹敵，而且永遠是敵人。第二，勢力不可靠，十年河東十年河西，一旦那個勢力消失了，後果堪虞。所以，勢最好不用，但蓄勢很重要。形勢、姿勢也都是勢，如果沒有形勢、姿勢，就根本沒有立場。

佛教修行是修身養性、鍊心、向內觀照，都不是顯露勢力，炫耀勢力。

「勢不可使盡」告訴我們要蓄勢，但勢最好不用；非用不可時也不要用盡。這是一句平常話，並沒有高超的禪的觀念，不是講大悟徹底的境界。但它不僅對出家人有用，也在教平常人怎麼做，是人人皆可學習的。

福不可受盡

問——法演四戒第二句話「福不可受盡」，叫人要知足，可是一般人往往認為有福就要盡量享受。請師父開示。

答——有福不享不是傻瓜嗎？很多人希望享福，實際上享福的人卻是沒有福的人。我們現在提倡心靈環保、禮儀環保、生活環保，環保的原則就是佛教徒的生活原則，也就是簡單、樸素、整齊、清潔、衛生、健康。

所謂享福是享什麼福？一般是指物質的福。有人討兩個老婆，用他人來服侍自己，叫作享齊人之福。不少有錢人在城裡有房子、城外有房子，乃至世界各地都有房子。這些房子要人照顧，需錢維護，但他一年當中，可能住不到一、兩個月。

作家林清玄有一次告訴我，他有一個背包用了二十年，有些太太一年買二十個皮包還嫌不夠，這就是物質的浪費，即使把皮包拿去義賣也是錯的，因為你刺激別人生產多餘的東西。

人間有五欲的福，包括男女、衣食、娛樂等等，這個福很難界定有多大、有多少。

有人認為金錢來得容易，要用就痛快地用。其實，花錢如流水，揮金如土，是真正沒有福報的人；明明是錢嘛！卻當水當土用，這是損福。有福不僅不可享盡，而且最好不要享，要培福、種福才對。

我們從生到死，真正憑自己的智慧、知識、體能、技能而培的福並不多，但從環境中得到的各種恩惠卻多不勝數。付出的少，而得到的多，也就是享福的機會多而培福的機會少；即使想幫別人忙，也不一定做得恰當。有錢的人再給他錢等於沒給，不算做好事；所給予的必須是別人真正迫切需要的東西，才是修福。比如他人遇急難，你協助他度過難關；或者社會混亂，你奔走呼籲，用種種方式喚醒大眾。不過，即使如此，自己依然得到的多，付出的少，所以人不可不惜福，福報不可享盡，務必珍惜。

當前的我們，浪費太多自然資源，多浪費物質就多製造垃圾，也破壞自然環境，對地球、對子孫的影響很大。等我們以後投生、轉生回來，屆時地球千瘡百孔、滿目瘡痍，生活困難，活得不長，死也死得很痛苦。

法演禪師當時講的話，不僅在目前有用，永永遠遠都有用。

規矩不可行盡

問——法演四戒第三句「規矩不可行盡」，是不是叫人不要拘泥於規則？那又該如何拿捏呢？

答——規矩、規則、法律、規約是不能沒有的，否則就成了沒有秩序、沒有軌則的社會，也等於沒有倫理，上下老幼尊卑皆無準則。好比鬧區的路口沒有紅綠燈，每一方的來車都搶著通過，結果誰也動不了，一定要走的話就會出事。所以，交通有交通規則，軍中有軍法，民間有民法、刑法，寺院有清規，佛教徒有戒律，童子軍有守則等等。

任何一個組織體一定有章程和共同遵守的規約，否則不成其為人間。即使動物界也有牠們的規則，螞蟻、蜜蜂的社會就是最好的例子。所以，規則、規矩必須要有。然而，如果拘泥於規則，一成不變、斤斤計較、咬文嚼字行規矩，往往會出問題。

規則、規矩是給通盤的、整體的約束或要求；不過，人有老幼、強弱、智愚、健康疾病、業障輕重、善根深淺之分，在家庭、團體、社區、國家之中，總有一些無法接受規矩的人。這些人是特殊的個案，比如特殊兒童教育有啓智班，特殊成人教育有看守所，吸毒者有戒護所等等。所以，大原則當然要執行，但是執法、通情、達理這三項必須周延。如果法不通情，過於冷酷，人在其中成為物而不是人，大家可能不願參與這個團體。有些特殊的處理法可能不合規矩但合理，對當事人、對環境都有好處，也不會傷害其他人，甚至有益於他人。執法者不要拿著規矩量人，而要衡量把這種規矩用於對方是否合適。

「規矩不可行盡」是用於寺院中的，但是社會上也可以用。寺院的清規很嚴，出家人犯了規矩，原則上當然要加以處理，但不是對甲這麼處理，對乙也非如此處理不可，要依該事發生的情況以及該人本身的背景而定。規矩不應也不可一成不變。

好語不可說盡

問——法演四戒第四句「好語不可說盡」，好話說盡了會有什麼反效果嗎？會讓人覺得你巧言令色，不夠真誠嗎？

答——世界上沒有絕對的好，也沒有絕對的壞；好壞會隨不同的人、不同的時間而有不同的判斷。若對此人把好話說盡，遇到另一個人怎麼辦？在這個階段把好話說盡，到另一個階段怎麼辦？對這樁事把好話說盡，對另一樁事又怎麼辦？所謂好話是讚歎、恭維、歌頌。世界上怎麼可能有這麼完美的人或事讓你把好話說到極點？

對佛教而言，最完美的人是佛，世上不可能還有如此完美的人。有人自稱是佛，即使你肯定他，別人也不一定肯定他。所以，不論對自己或對別人，不論在主觀或客觀的立場，最好含蓄一點，不要過分。好話說盡就是過分。

我們通常有個習慣，對自己喜愛、欣賞、順眼的，總是讚美有加，說出各式各樣的驚歎語。其實，我們對他人的褒貶都不應太過分。把他人說得太好，對那個被表揚褒獎的人是一種損害，他可能自認已經登峰造極，就不進步了，而且使他傲慢，認為天下人都不如他。

此外，如果對某一個人或某一樁事說得太好，對其他人也不公平。

這幾年來我得過一些獎，比如吳尊賢基金會的愛心獎、中山文藝獎的傳記文學創作獎等等，我總是在頒獎典禮上說：「我受獎並不表示我是今年臺灣夠資格得此獎的唯一的人。」只因湊巧有很多因素加起來，有人欣賞、有人推薦、有人覺得在此時此地有這種表現值得獎勵。如果換個時間、換個地方、換一批審查者，結果可能不一樣。所以，是不是最好並沒有絕對客觀的標準，我以平常心來看待得獎。

「好語不可說盡」並不是高深的禪語，平易近人而有用，是一般人該有的心態和觀念。

行到水窮處，坐看雲起時

問——唐朝詩人王維有兩句詩「行到水窮處，坐看雲起時」，千古傳誦。人們常用來自勉或勉勵他人，遇到逆境、絕境時，把得失放下，也許會有新的局面產生。如果從禪的立場來看這句話，會是怎麼說呢？

答——王維的詩與畫極富禪機、禪意，文學史上尊他為「詩佛」。他的兩句話「行到水窮處，坐看雲起時」，「水窮處」指的是什麼？登山時溯流而上，走到最後溪流不見了。有一個可能是該處為山泉的發源地，掩於地表之下。另一個可能是下雨之後匯集而成的澗水在此地乾涸了。這個登山者走著走著，走到水不見了，索性坐下來，看見山嶺上雲朵湧起。原來水上了天了，變成了雲，雲又可以變成雨，到時山澗又會有水了，何必絕望？

人生境界也是如此。在生命過程中，不論經營愛情、事業、學問等，勇往直前，後來竟發現那是一條沒法走的絕路，山窮水盡的悲哀，失落難免出現。此時不妨往旁邊或回頭看，也許有別的路通往別處；即使根本沒路可走，往天空看吧！雖然身體在絕境中，但是心靈還可以暢遊太空，自在、愉快地欣賞大自然，體會寬廣深遠的人生境界，不覺得自己窮途末路。

「行到水窮處，坐看雲起時」有兩種境界在其中。第一種，處絕境時不要失望，因為那正是希望的開始；山裡的水是因雨而有的，有雲起來就表示水快來了。另一種境界是，即使現在不下雨也沒關係，總有一天會下雨。

從水窮到雲起到下雨的過程，正如一個人在修行過程中遇到很大的困難，有身體的障礙，有心理的障礙，還有環境的障礙。如果因此而退心，要把念頭回到初發心的觀點上。初發心就是初發菩提心的時候。初發心時什麼也沒有，對修行的方法、觀念都不了解。你先回溯當時的情形再看看目前，不是已經走了相當長的路了嗎？

所以不要失望、不要放棄。人生的每個階段也都可能發生這種狀況，如果用這種詩境來看待，處處會有活路的。

行到水窮處坐看雲起時

第七輯

主人公

解鈴繫鈴

問——法眼文益禪師有一次問弟子：「虎頭金鈴，是誰解得？」大家都答不出來。泰欽禪師正好路過，答了一句：「繫者解得。」這個公案不見得大家都聽過，但是「解鈴還需繫鈴人」卻人人都知道。請師父從禪的觀點來解說。

答——「解鈴繫鈴」的源頭有一個故事。有一隻凶惡的老虎，大家都怕牠，於是找一個勇敢的人在牠身上掛了一只鈴，只要老虎一來，鈴一響，大家都會聞聲躲起來。這個故事後來演變成禪語中的一個比喻。

身為修行人，如果遇到心外的、物質上的、環境上的困難，別人也許可以幫上忙。然而，內心的煩惱、生死的煩惱，以及根本的無明，誰能解決？它是怎麼生起的，就得靠你自己去解除。這就像老虎身上的鈴，只有掛鈴的人才解得下來。

泰欽禪師針對法眼禪師的問題答以「繫者解得」，由此可知他是已經開悟的人。生死煩惱是自作自受，也要自證自悟，別人不能為你消業。《地藏經》中也說，所有生死的罪業，即使骨肉至親都幫不上忙、替不了身，只能自己還。所以，自己是幫助自己的最佳人選，任何人所幫的忙都只是表面。

假設有一個堅決要自殺的人，最好有人開導他：「你這次死了沒有用，下次還是要回來。你即使自殺也脫不了身，以後還要連本帶利償還，而且下次來，痛苦更多，何必這樣死掉？該還的債還是要還。」

所以「解鈴還需繫鈴人」是告訴我們，自己的債自己還，自己的煩惱自己化解。如果了解這一層，心中會很坦然，不需依賴他人、權勢或環境，獨力承當的氣魄自然會出現。能獨力承當的話，這個人已得解脫。

「解鈴還需繫鈴人」一般人都會講，但多限於表層的意義，鮮少能體驗或領會其中深刻的禪意，也就是自己的煩惱自己斷。

心生法生，心滅法滅

問——「心生種種法生，心滅種種法滅」是不是說，你有什麼念頭，就有什麼現象與之相應；如果什麼念頭也沒有，現象也就無從生起呢？

答——這兩句話是《大乘起信論》中的名句，也可說是佛教的唯心論，其義理相當深奧，現在僅就它的現象面加以說明。這兩句話簡單地說，就是我們的念頭和身體能夠改變環境，它不但包含心理學且超越心理學的層次。

以前者而言，人在苦悶、失意、悲觀、倒楣時，不論看到什麼、遇到什麼，都覺得不舒服、不對勁。當一個人被愛、愛人都很稱心如意，事業工作都順利，他會覺得世界很有希望，充滿活力。既然同一個人，在不同的心境下，看同一個世界，會有不同的心理和身體的感受，「心生種種法生」就心理學的層次而言是講得通也可體會得到的。

另一個層次則比較高深。我們所看到、接觸到的人事物現象是怎麼來的呢？都是由於心的活動再加上身體的行為。心下了判斷，做了決定，然後由身體來執行這個決定，產生運作，因此使得環境改變。有人想買房子，於是他賺錢、存錢、再借一點錢，結果買得起房子了。

從佛教的立場看，我所主張的「提昇人的品質，建設人間淨土」，必須從自己內心做起，所以我提倡心靈環保。自己內心希望改變自己的品質，繼而從禮貌上、行為上，自我提昇，然後用語言、行為影響他人，使環境改變。因此，「心生種種法生」是凡夫體會到也做得到的。

「心滅種種法滅」也一樣。我們看到仇人時，分外痛苦，但是，如果將心念轉變一下——寬恕他、原諒他、同情他，以慈悲心對待他。當慈悲心一生起，怨恨就消失了；當你沒有怨恨的心時，他不再是仇人，「仇人」這個想法、「仇人」這個現象，也就不存在了。

所以，對任何一件事，只要念頭轉變或消失，外界也就沒有固定的、永恆的、不變的現象。現象是隨著我們念頭的轉變而變，這叫「心滅種種法滅」。

如果講到生死心，只要凡夫心生起，凡夫世界就出現；只要聖人心出現，凡夫世界就消滅。所以佛成佛時，一切眾生都是佛，凡夫世界就不存在了。

春有百花秋有月

問——無門慧開禪師這首詩：「春有百花秋有月，夏有涼風冬有雪，若無閑事掛心頭，便是人間好時節。」讓人想到，只要心中不計較、不分別，以知足心和平常心過活，就是「日日是好日」。這樣說對嗎？

答——我想是的。有這種心境過日子的是開悟的人，未開悟的人大概沒辦法。對後者而言，春天的百花、秋天的月亮是不錯，夏有涼風、冬有雪景也很好。可是春天除了百花也有荊棘和毒蛇，秋天除了明月也有落葉和枯藤。夏天有酷日肆虐、蚊蟲擾人，涼風雖好，吹不走這些煩惱；冬天有凜風裂膚、寒冰墮指，雪景雖美，掩不住這些缺憾。在未開悟者的眼中，一年四季的壞處可多著呢！

無門慧開禪師卻叫人往好處看、往好處著想，心境就會改變。如果往壞處看、往沒有辦法的方向看，則是自尋末路、自討沒趣、自掘墳墓。

春天不一定處處是花，但要看有花的地方，孕育百花怒放的心境。秋天雖然蕭瑟，不妨培養如明月一般皎潔的胸懷，心中自然安閑。夏天即使什麼都不好，但是可以體會涼風的自在，心靜自然涼。冬天雖冷，晶瑩純潔的雪景卻值得欣賞，苦悶會變成愉快。

「若無閑事掛心頭，便是人間好時節」，是說世間的事皆是閑事，沒有一樁是不得了的，沒有一樁值得煩心，煩心的事都是閑事。如果沒有閑事掛在心頭，就是過著人間賞心樂事的時光；日日是好日，時時是好時。因此，往好處想，心境就會豁達，也就會自得其樂。難怪開悟的人只看到百花、明月、涼風、白雪，因為他沒有閑事也無煩惱掛心頭。

獨坐大雄峰

問——百丈懷海禪師所住的百丈山又叫大雄峰，有一次一位和尚問禪師：「什麼是殊勝、奇特的事？」懷海答：「獨坐大雄峰。」是不是說只有單獨坐在大雄峰上的那個人，也就是有所證悟的人，才知道什麼是奇特的事，其他人無從談起？或者懷海禪師示意他不要分別奇特或不奇特？

答——這句話的用意很難捉摸。懷海禪師一個人坐在百丈山上，四周沒有其他人，誰都不知道他的心境，體會不到他的悟境。別人問他什麼是奇特的事，他回說只有我自己知道什麼是奇特、什麼是我所證悟的境界，無法言傳。我就像百丈山一樣，百丈山屹立著，誰也不知道百丈山是什麼，除非你自己變成百丈山才會知道。也就是說，他把自己比喻為那座山，山不能告訴你，它是什麼，你是以自己的看法和標準去看它，至於它本身是不是你所看到的它呢？那是另一回事。所以，許多悟後的人都説「如人飲水，冷暖自知」，唯有自己喝水才知道水的冷暖，再怎麼形容也講不明白。你問奇特的事，我怎麼説呢？怎麼説都是錯的。我只能告訴你，我就像百丈山，獨自坐在那裡。不過「獨坐大雄峰」也許有另一種意思，不一定是懷海自己坐在大雄峰上。大雄峰屹立著，至於我本身是不是那個樣子，實在無法告訴你。

大凡有深刻的內在體驗的人，都會感到自己的存在和信心，但是無法告訴人；如果可以用語言表達出來，都不是那個體驗本身，所以還是不講的好。你不要以為我懷海跟別人有什麼不一樣，我自己並不覺得有何不同；如果你一定要問，我也無法告訴你。

吾心似秋月，碧潭清皎潔

問——「吾心似秋月，碧潭清皎潔。」據說是寒山的詩句，字面意思是說，我的心就像秋天的月亮，映照著清淨明澈的潭水。以寒山這位禪僧而寫出這兩句詩，應該有他更深一層的涵義吧！

答——我不是寒山，不知他當時寫詩的心境；如果這詩句的作者另有其人，他寫作的背景和用意也很難揣摩。不過，單從字面也可以欣賞體會。心境有如秋天的月亮，明淨高潔；一泓澄澈幽邃的潭水，又深又靜，透著碧綠，正好映著深藍色的天上，一輪明朗皎潔的月亮。潭中的月亮看起來跟天上的月亮一模一樣。寒山可能是在形容開悟後的心，一派清淨祥和，無罣無礙，不受任何干擾，也不被塵世所汙染；這就是智慧心。

我們常聽說悟者心如明鏡，亦即心中無煩惱，但是心有功能，能夠反映塵世的種種現象；不過他自己沒有困擾，因為他是最客觀的，只有絕對的智慧和慈悲，沒有自我的得失和價值的取捨。這種境界可以形容為秋天的明月映在澄靜的碧潭中，天上的月亮有多美，潭中的月亮就有多美。他的心所映現的世界是那麼美好，眾生在他眼裡都是佛、都是菩薩。凡夫的世界就是淨土，他生活在其中，與世無爭。

寒山這種悟境很高遠，一般人難以企及，不過可以反過來想，自己的心是明靜的碧潭，反映出天上的秋月，感到寧和皎潔，世界也隨之美好起來！

主人公

問——五代時期有一位叫師彥的和尚，經常在石頭上坐禪並且自問自答：「主人公！」「在！」「保持清醒喔！」「是！」「不要被蒙蔽了！」「是！」師彥的用意究竟是什麼呢？

答——主人公是誰？看起來好像有所執著。主人公是每個眾生都有的，但無法以語言文字解釋，勉強可說是佛性或將來能成為佛的因素或條件；唯有這才是主人公，其他都不是。

如果你失魂落魄、東飄西蕩、隨境而轉，沒有自己的立場、方向、主宰，就等於迷失了主人公。

主人公是永遠不變的、永遠不動的，而且時時如此、處處存在。不要把它誤解成靈魂或自己的本體，靈魂不是主人公，而本體是假的名詞。

「主人公」不代表任何具體的東西，它是表達心很明淨而不受外在環境影響，這也就是智慧。主人公沒有一定的形象，也沒有一定的方式讓你看到。

如果要說它有形跡，由自己體會到的是煩惱沒有了，由別人看到的是智慧和慈悲的表現。但智慧和慈悲並不就是主人公，凡是能用形象表達出來的都不是主人公，充其量只是主人公的反映而已。

所謂「無位真人」就是主人公，沒有一定的位置、沒有一定的形象、沒有任何執著；它是內在、外在、不內不外的普遍的存在、永遠的存在。唯有大悟徹底的人才時時刻刻做得了自己的主人公。

自己做得了主是很不容易的，現在有很多人認為自己了不起，能呼風喚雨、旋乾轉坤；其實他們的目的是為了征服環境、打倒他人、爭奪名利、追逐物欲，永遠被環境所轉、所影響、所動搖而失去自己。這些人不是主人公！

主人公

出門便是草

問——有一位行腳僧對石霜慶諸禪師提到他在洞山禪師那兒聽到的一段話。洞山說：「諸位外出行腳時，要向萬里無寸草的地方去。」然後又問大家：「這個萬里無寸草處該怎麼去？」沒人回答，石霜聽了行腳僧的轉述，脫口就說：「出門便是草。」這個公案是不是說，沒有妄念、沒有煩惱的地方何必到萬里之外去找，只要心不出門、不離自性就可以了？

答——是的。首先要了解「萬里無寸草處」指的是什麼？世界上有這樣的地方嗎？可能有人認為是外太空，因為萬里之內一根草也沒有的地方不太可能在我們認知的範圍內存在。也有人想，難道是某個大沙漠嗎？也不是！禪師所謂的「萬里」並不是講大沙漠，更不是外太空，而是無限的空間。因此，「向萬里無寸草處行腳」就是向外追求的意思。許多人向外追求名利物欲；也有許多人向外追求所謂的道、仙、真理、上帝、神、真正的宇宙原理等等，把心向身外去用工夫，去研究、考察、祈禱、思惟。

石霜禪師一句「出門便是草」就把關鍵點出來：你們不要向心外去找「萬里無寸草的地方」或者向人去求「萬里無寸草處」，你求不到也找不到，只要心一出門，心向外攀緣，心向外觀察、思考，心向外找出路，馬上就是「草」！「草」就是牽掛、煩惱、分別、愚癡、障礙；「草」也可以說是一絲不掛的「絲」。

此處揭櫫了禪宗與佛法的境界，就是向內去看；唯有除去內心深處一切煩惱，才可能無寸草，此外別無選擇。心中沒有執著、沒有自我、沒有內、沒有外、沒有你、沒有我、沒有善、沒有惡、沒有是、沒有非，就是無牽掛，也就是「無寸草」。

「萬里無寸草處」聽起來很好聽，但做起來不容易。《心經》講「照見五蘊皆空」，又見一切世間法無非是空；這個「空」絕不是空洞、空虛、空無，其本義是說一切都是因緣生因緣滅，一切都是無常生滅，這就是「空」。能觀察到、體會到一切是空，就是心無罣礙，也就是「無寸草」。

莫造作

問——有和尚問投子大同禪師：「鑄像未成時，身在什麼處？」佛像尚未鑄成的時候，這尊佛在什麼地方？大同禪師答：「莫造作。」意思是不是說，設計、雕琢、鑄造都是多餘的，佛本就存在而且無所不在？

答——佛在心中、佛在印度、佛在佛國、佛在佛龕裡……，這些都是錯的！佛是「覺」的意思，佛是慈悲和智慧皆圓滿的意思，佛是無私的意思。能產生佛的功能就是佛，否則根本不是佛。

有人把佛像當成佛，把修道成功的印度王子釋迦牟尼佛當成佛，有人寫「佛」字認為那就是佛，把助人而不求回饋的當作佛，有人覺得自己是大善人，也是佛。這些觀念對不對？似是而非！真正的佛沒有具體形象，也不是絕對沒有具體形象，要看指的是什麼。一個是看佛的功能，一個是看佛的本質。

佛的功能可以從凡夫的身上產生，也可以從自然界的物質上發生，只要你善根足或有緣，就可以從不同的人事物接受到佛的功能。

有人跟隨師父修行，有人看佛經而得法益，有人因生活體驗而有心學佛，可見佛處處在度人，無法用某種形象或觀念來界定、說明、標示。

因此大同禪師說「莫造作」，你不要用你的心或觀念或某個形象來塑造佛，佛不是因人的造作而能加以代表、說明或呈現的。

不過，話說回來，如果沒有佛像，凡夫無法想像佛是什麼。釋迦牟尼佛涅槃之後，剛開始沒有佛像，供佛的舍利和經典的地方就代表佛的功能和精神，經過若干年代之後，覺得佛的精神逐漸淡薄，不易感受到，所以塑佛像供大家供養、膜拜、懷念。

雖然如此，做為禪宗的祖師或悟者，不會把佛像當成佛。《金剛經》說：「若以色見我，以音聲求我，是人行邪道，不能見如來。」佛不能用觀念、形象、物質來表現，否則那是造作，是你心中、手中造出來的東西，不是佛！

空花水月

問——虛雲大師說：「空花佛事，時時要做；水月道場，處處要建。」空花和水月都是空幻的、不實際的。從字面看來，做佛事和建道場有如空花水月，做了等於沒有做，修了等於沒有修，虛雲大師卻要時時做、處處建，這是什麼道理呢？

答——這兩句話是積極而非消極的。很多人誤解佛教所講的「空」是虛幻，「虛雲」這兩個字就讓人感覺虛無縹緲，不著邊際。其實他有如虛空的雲，需要雨滋潤的地方他就去，需要雲遮蔽的地方他也去。

所謂「佛事」就是做佛救度眾生的事，「道場」就是修行成佛之道的場合和處所。

「空花」在一般狀況下是不存在的，空中哪會有花呢？除非是下述兩個例外：第一，說法的人非常有修行，感動天人來散花，這是神蹟。第二種情況是揑目生花，眼睛被揑或被壓之後會看到一片金花；或者眼睛長翳，患了飛蚊症，看到空中有黑影在飛舞。

所以，「空花」不是事實，「水月」也一樣。水中並沒有月亮，而是空中的月反映在水中，使水中看起來有月亮。

眾生汲汲營營，忙著在水中撈月——撈名利的月、撈權勢的月、撈虛榮的月、撈種種的不實在。結果身陷五欲，葬身其中。

可是話說回來，虛雲和尚這句話有積極的、正面的作用。「道場」雖是空的，「佛事」雖是假的，但跟追求五欲完全不同，他是從五欲的反面出發。

做「佛事」就是用佛法來幫助人，不論有形無形，不論是語言、文字或物質，其目的是提昇人的品質、心智、道德和內在的智慧，並且增長福報，使眾生離苦得樂、出離煩惱。

佛教所指的「道場」很具體，即是寺院和塔廟。虛雲老和尚隨緣度眾生，處處度眾生，凡遇到破敗沒落的道場他都會幫忙重建，一生之中修復了十幾處已成廢墟的古道場。對他而言，「空花佛事時時做，水月道場處處建」是出家人的本分，目的就是為了利益眾生，淨化人間。

身心脫落

問——日本有位道元禪師在中國悟道之後，說了「身心脫落」這句話。就打坐修行的人而言，身心脫落是很高的境界，卻可能只知其然而不知其所以然，請師父開示。

答——道元禪師是日本曹洞宗第一代祖師，由中國天童寺如淨禪師傳的法。他身體不好，經常生病，在修行過程中常有苦惱和負擔，心理也有障礙。但他精進不懈，在身心都不調適的情況下，道心依然不變，對弘法利生的悲願也百折不撓。在中國求法之後，回日本建道場。「身心脫落」是他的體驗和悟境。

「身」是肉體、身體。對一個有病或孱弱的人來說，身體本身就是負擔；對身強力壯、精力旺盛的人而言，身體則是禍源，因為這種人對「食」和「性」的欲求特別強烈。

「心」指的是思想、觀念、企圖心、追求心、貪求心、瞋恨心等心理現象。心理活動可以使人墮落，使人昇華；也可以使人潦倒，使人騰達。

因此，人以心為主，如果心理健康，身體差一點還無所謂；如果心理不健康，身體再怎麼好也會有問題。

從心理學的角度看，修行人的心理應該是健康的，但是修行人自我檢點，知道自己的心理還是有問題，煩惱還是在。剛開始的時候，他對粗的、重的、强的煩惱還渾然不覺；待這些煩惱淡化之後，他會看到內心種種細微的活動。接著細微的煩惱不見了，但是「我想開悟、我想成佛、我要追求」這類心的力量或方向還存在的話，他的心還是煩惱心，還是生死心，不是解脫心。

當道元禪師開悟時，他發現身體雖然仍在，但已不是負擔和煩惱的根源。心也仍在，但是很明朗，是一種智慧，而不是煩惱和欲望。

一個人如果無所執著，把自我中心、自我身心全部放下，什麼也不剩，就叫作「身心脱落」。我們如果好好修行，也可以做得到的。

身心脫落
乙亥仲冬作於傍石居

第八輯

行亦禪・坐亦禪

如雞抱卵

問——有人問投子大同禪師：「我提出一個又一個的問題請教你，你可以一個接一個地回答。如果一下子有數不清的人問你問題，你怎麼辦呢？」禪師答：「如雞抱卵。」意思是不是說，我就效法母雞，來幾個就孵幾個吧？

答——這樣解釋還不夠完整。大致說來，有多少蛋就孵多少蛋是對的，只要向我問法求救，我一個也不會拒絕，會盡力使每個蛋都孵出小雞，使每個人開悟成佛。不過，這牽涉到眾生根器的問題。照理說，雞蛋都具有孵化成雞的可能性，除非那是現代養雞場所生的無性卵；然而所有的蛋是否會在同時孵成小雞？不一定！我孵蛋時固然對它們同等看待，可是力量大的小雞會自己破殼而出，弱一點的小雞則要多孵一段時間，還有些小雞不論怎麼孵都出不來，得靠母雞啄開蛋殼。

對禪師而言，他對任何求度的人都一視同仁，但對弟子的幫助方式不盡相同，根器互異的人所得到的效果也不太一樣。誰能開悟，誰不能開悟，不是禪師所能決定的，那是雞蛋本身的問題。大同禪師這個比喻用得很恰當。

「如雞抱卵」還有另一層意思，即是鍥而不捨，持之以恆，不灰心不失望；大同禪師正是以這種心態去幫助前來求法的人！

餓死人・渴死漢

問——雪峰義存禪師對大眾開示說：「飯籮邊坐餓死人，臨河渴死漢。」是不是說修行參禪、悟道成佛的資源都離你不遠，不要做睜眼瞎子，捨近求遠？

答——對的。常聽人說：「踏破鐵鞋無覓處，得來全不費工夫。」自己所需要的東西明明就在眼前，但他茫然不知，只因從未看過，需人指點。有人經過指點還看不到，因為他是瞎子。有人用手摸了，還是不清楚那究竟是什麼，信心不足之下也不馬上帶回家。有人是死心眼，一定要別人餵他吃飯他才吃，有人甚至餵他，他還不吃，擔心中毒。佛法俯拾即是，處處皆是，無一法不是佛法，無一物不是佛法。只要開悟，樣樣都是佛法；如果未開悟，樣樣都是障礙。

坐在飯籮邊的人餓死了，沿著河邊走的人渴死了。真好玩！現實世界裡不會有這種事，我們從小就憑本能會吃飯，不可能坐在飯籮邊還餓死；我們也從小就知道找水喝，不可能走在河邊還渴死。這兩句話其實是個比喻，形容不知道佛法、沒聽懂佛法或未開悟的人，不向自己心內去體驗，反而拚命向心外求法。有人跑到印度、西藏求法，認為中國已無佛法；有人從臺灣到美國向美國禪師求法，認為臺灣已無禪法；有人向自稱大悟徹底的人求法，而不知道佛法不是那個樣。你遠道跋涉，求師問道，何不回過頭來看看自己的內心？只要心中無煩惱、無障礙，那就是佛法、禪法，不需向外求。

盲目追求佛法的有兩種人：一種人不斷等待，等待有人給他佛法；另外一種人則到處跑，到處追求佛法。這兩種人都不會得到佛法。雪峰禪師這兩句話是在點醒他們，不要坐在飯籮邊卻餓死了，不要走在河邊卻渴死了；佛法就在心內，去體驗它就是了！

行亦禪・坐亦禪

問——永嘉玄覺大師在〈證道歌〉中有一段話：「行亦禪，坐亦禪，語默動靜體安然。」是不是說，不論你在做什麼事，心中感到自在安然，就是一種禪的體驗呢？

答——永嘉大師是禪宗六祖惠能大師的弟子，在受到六祖的肯定和印可之後，寫了一篇〈證道歌〉，這三句話即出自其中。大意是不論行住坐臥、語默動靜，只要能體會到安定自然，就在禪裡邊。

很多人誤解禪一定要打坐，或者一定不打坐；這兩種觀念都不要執著，否則都是錯的。禪宗講求心的自在、明淨和煩惱的解脫，不在於打坐不打坐。如果一味打坐坐到瞌睡連連或妄念紛飛或一片茫然，心不明淨不解脫，這種打坐是徒然的，只是讓身體休息、讓心糊塗，不能開悟。

不過打坐可以使人比較容易把心安定下來，也比較容易發現內心的種種活動，接著再用參禪的方法把散亂的、有如電影般一幕幕的念頭減少以至消弭，出現統一的念頭，最後連統一的念頭也不見了，這就是明淨安定的體驗，就是禪。

其實生活本身就是禪，問題在於能否體會到安定自然。若能體會，那麼講話也好、不講話也好，行動也好、在靜止狀態也好，無非是禪。也可以說，吃飯是禪、睡覺是禪、拉屎撒尿是禪、太太餵小孩是禪、先生上班工作全是禪。

永嘉大師這三句話雖很簡單，但已道盡修行禪法的原則和特性。修行禪法不在於採取什麼坐姿或生活方式，重點在於要體會到安定自然。不過，千萬不要誤會喝酒賭博、罵架鬥毆、燒殺淫掠也是禪，因為這些行為本身就是放逸、荒唐、罪惡，使身心都陷在混亂狀態，絕對不是禪。

行亦禪坐
亦禪語默
動靜體
安然
永嘉玄覺大师
證道歌
永模

入時觀自在

問——布袋和尚這首詩：「我有一布袋，虛空無罣礙，展開遍十方，入時觀自在。」讓人覺得好豁達、好自在，相較之下，一般人的「布袋」實在太小，太狹隘了。請師父為我們開示。

答——布袋和尚是宋朝的一位禪師，經常背著一個布袋，有人叫它乾坤袋。別人給他什麼他就收什麼，惡作劇的人給他葷菜他也收，布袋裡什麼都裝。任何不好的東西進入他的布袋以後，都會變成好東西，他常常拿出來送給別人，而且好像永遠掏不完。這首詩是他的體驗。他的布袋就是他的心境和胸懷，連虛空都能裝進去，布袋就等於虛空。

對他而言，沒有任何東西是不能接受、包容、承納的，不論善惡、是非、好壞、多寡，只要在他前面，都會變成沒有障礙；不論人家給他名譽、讚歎、羞辱或委屈，他心中不存任何芥蒂。因此，他的心就如他的布袋，打開時可以遍及十方。

十方是佛教對空間的説法，包括四面八方再加上下兩方，是形容他的心胸可以涵蓋無限大的空間。

「入時觀自在」，我進入布袋時就觀察到一切都是自在的，因為我心無罣礙，如果你也進入我的布袋，能體會我這個布袋的境界，你也能自在！

這首詩對於放大肚皮能容物的精神形容得很透徹。很多人喜歡布袋和尚的模樣，認為他是福神。其實在禪宗裡，布袋和尚象徵著泱泱大度、解脱自在，能夠容納一切、給予一切。這正是佛菩薩的精神。

一心有滯，諸法不通

問——唐朝牛頭法融禪師說：「一心有滯，諸法不通。」一旦這個心有牽纏糾葛，要談自在解脫就難了。是這個意思嗎？

答——所謂「一心」是指一個念頭或一段時刻心的活動。這兩句話是說，只要有一念心帶著牽牽掛掛，對一切佛法就無法融通了解。還有一個意思是，如果你心中為煩惱所累，不通不暢，你看到的人、事、物就不會順暢。

人在心中有阻礙時，眼中的世界都有阻礙。心是很奇怪的東西，如果心中有物，外在的環境就會受影響。有人說眼睛容不下一粒沙，否則很痛苦；同樣地，心中不能容下任何煩惱，否則世界就變得灰暗。

我們的心好比一缽魚缸，如果其中有一條煩惱的魚，那就無法安寧了。又假設有一條做功德的魚，存善心、發善願、做善行，可是只要有煩惱一進出，功德和願心都會受波及。所謂「一念瞋心起，火燒功德林」，瞋心一起，功德就沒有了。

一個大徹大悟、明心見性或者成佛的人，世界於他是通達的，因為他心中無物，所以能容受一切物；心中無罣礙，所以一切人、物、現象都不會起障礙。這非常不容易。

一般人的心中經常受阻礙，夫妻之間、親子之間、朋友之間、勞資之間都不易溝通，大概是心中都存著一個「我」吧！只要堅持我的利益、我的立場，就不免產生障礙和摩擦；如果心中少一點我執和偏見，跟其他人的溝通會容易一點。

離家舍不在途中

問——臨濟義玄禪師說：「在途中不離家舍，離家舍不在途中。」這兩句話點出「家」和「旅途」兩個觀念，請師父為我們說明。

答——我在南部山中閉關時，有一位法師來看我，那已是傍晚時分，他在我關房門口坐下與我談話。這時正好有許多鳥從外邊飛回來，飛進關房窗前的窩裡。這位法師說：「我從遠道來，這些鳥從近處來；人是天邊的鳥，鳥是家邊的人。」意思是，鳥雖然晚上回來，法師也是晚上到我那兒，看起來是相同的，其實不然。這位法師當年離開臺灣到國外，又老遠回到臺灣來看我，不久還要回國外去。正如他所說，「人是天邊的鳥」，人往天邊去，又從天邊飛來，這麼遠的路程兩端，究竟哪一個才是家？而「鳥是家邊的人」，鳥始終在家邊飛來飛去，不會離開很遠，候鳥是例外。

我後來也體驗到出家人的生活方式和心態——出家無家，處處是家，又處處不是家。在飛機上、汽車裡常覺得這就是家，旅行時坐在樹蔭下，也覺得那是家。因為人生就是如此，也許有一天我在旅程中一口氣上不來，那就是我的歸宿，是旅途的終點。為什麼非得有房子的地方才是家，沒有房子的地方就不是家？為什麼一定要分此處是家，彼處不是家？事實上有些人也很難說清楚哪個是自己的家，付租金的時候那是你的家，搬走以後就不是了。因此可以說時時都不在家中而在旅途中，因為時時都有搬家的可能。

說穿了，生命本身就是旅途，古人說：「光陰是百代之過客，天地是萬物之逆旅。」人從出生到死亡，根本就是在旅途之中，並沒有真正的家。放得更長更遠來說，我們從愚癡無明到學佛行菩薩道，一直到成佛為止，也是個過程，沒有固定的真正的家。任何一個臨時的立足點可以是家，任何一個暫時的寄宿處也可以是家。所以，「在途中不離家舍」，在途中時，只要處處是安身立命處，處處都是家。「離家舍不在途中」，離家之後，並沒有另一個旅途可言，因為你本來就在旅途之中。

臨濟禪師鼓勵我們要腳踏實地，不要認為這是過渡的時期、是過渡的地方、是過客的身分就不認真，也不要認為這是自己的家就捨不得、放不下。換句話說，在家中要認為這是旅途、是旅館，就不會執著；在旅途中要認為這是家，就不會疏怠輕忽。所以，這兩個觀念倒過來看的話，對人生太有用了。

潛行密用，如愚若魯

問——洞山良价禪師在〈寶鏡三昧〉中提到「潛行密用，如愚若魯」，是不是說一個人不張揚、不出頭，默默地做事，就像是個愚魯的人？在現今社會中，這種人似乎不多了。

答——潛行密用的人，不讓人發現他是眾所認同的人物，也不在人多的場合顯示自己是個大修行人、是菩薩行者、是自利利他的人。但他自己心裡很明白，內在也很用功，即使外表看來好像什麼貢獻也沒有，但他是幕後功臣，協助他人完成大功德；眾人所矚目的那個完成大功德的人，其實是利用了他的智慧、方法和支援。當很多人甚至整個社會在推行一種風氣、一個運動的時候，沒有人知道是他在後面發動的，是他在潛移默化的。他籍籍無名，也沒有豐功偉業讓人家歌頌讚歎，因為他不是一個象徵，也不是一個代表，只是一個努力者。

就佛教來說，有人能在因緣成熟的情況下大機大用，一呼百應，聚集當時所有的尊崇和榮耀於一身，成為一代宗師。但這不一定是他獨力所成，而是結合許多人的力量所致。

有人一生奉獻但不求聞達，沒讓人發現他才是最有貢獻的人。這沒有關係，奉獻不一定要讓報紙來宣揚，不一定要名聲顯赫，不一定要讓自己的照片被人家供起來。

所謂大智者若愚，有一種表現就是「潛行密用」。「潛」是潛伏隱藏，「密」是暗地不聲揚。其實他是很有作用的人，這種人可能一輩子默默無聞，死後也許有人發現他的事蹟，也許永遠湮沒不彰，但最重要的是他對眾生有益，至於有沒有留下記載並無所謂。洞山禪師講這兩句話很有鼓勵性，對那些愛求表現的人也是一劑針砭。

本自天然，不假雕琢

問——雪峰禪師看到一根從山上撿來的樹枝，形狀很像一條蛇，就在上面刻了「本自天然，不假雕琢」八個字，然後送給師父長慶大安禪師，大安禪師看了以後說了兩句話：「本色住山人，且無刀斧痕。」如果雪峰心中已全無雜念，大概不會多此一舉吧？

答——雪峰禪師動了刀、做了手腳，的確是多此一舉。日前在法鼓山所開的一個景觀設計會議中，很多人都主張維持自然，不加雕琢。但參與討論的多半是藝術家和工程師，他們認為所謂自然是用人工來捕捉、安排之後，使其具有自然的樣子。自然本來不需去動它，但人所居住的環境需要有建築物和活動的空間。法鼓山原是一片草莽，還是得用人工來改造，並且用人工使其近乎自然。比如蓋房子，要讓它跟山的背景和地理環境很搭配、很協調，就像是山上自然長出來的；在色調、造型和空間的配置上，都是用人為的方式改變環境使成自然。這是很有趣的事。

雪峰禪師所見到的枯枝即使再像蛇，也不過是木枝，根本不是蛇；不把木枝變成蛇，不去刻那八個字，才真正是天然的。現在很多藝術家去山裡找枯木樹根，經人工雕琢後成為所謂的天然藝術品，實際上已不天然。

從一般人的眼光出發，原來的木椿竹根如果不加雕琢，大概看不出其美，只能當柴燒，不能當景看。若從禪師的觀點而言，他不是要欣賞藝術品，也不是要創作藝術品，原本是什麼就是什麼。

教育本身也是一種雕琢，所謂玉不琢不成器，人需要教育的熏陶才能改變氣質。但是開悟、佛性這東西不是雕琢出來的，是天然的，是本來就在那裡的；經過教育和修練之後，佛性自然出現。所以這兩句話包含了幾層意思。

雪峰禪師把天然的東西當成雕琢的東西，把雕琢的東西當成天然的東西。在某些情況下雕琢自有其必要，但是本來面目不是雕琢出來的，是超越於雕琢才能出現的。不過，話說回來，若不經過修行和訓練，沒有老師的幫助和引導，要明心見性大概很不容易。所以我們要從不同的層次來體認，不要單以一個層次來概括論定。

山花開似錦，澗水湛如藍

問——有人問大龍禪師：「世上有沒有永恆不變的真理？」禪師答：「山花開似錦，澗水湛如藍。」他是用易謝的花和流動的水，也就是無常，來回答這個問題吧?!

答——是的。許多學者和宗教家都認為真理是永恆的、是必須堅持的，唯有真理才是最可貴的；為了維護真理可以跟別人干戈相向，為了追求真理可以不惜犧牲，真理這個東西不知害了多少人，使世間產生多少混亂和悲劇。

所謂真理是絕對客觀的事實，然而凡是人所見者都不是真理。哲學思想是人的思想，不是絕對客觀的真理；宗教信仰是人的信仰，不是絕對客觀的真理。前人所奉持的真理，現代人可以推翻；同樣地，現代人所認定的真理，未來人也可以否定。歷史上發現真理、堅持真理的人或許成為民族的英雄或世界的偉人，甚至被當成聖人或神來看待。但時過境遷之後，那個偉人可能變成歷史的罪人，遭到批判和鬥爭。

比如有人認為馬克思主義是真理，可是推行的結果使多少人喪生在他的唯物論之下，世界也蒙受空前的災難。宗教也一樣，這個宗教唯我獨尊，那個宗教也自認代表真理，於是發生所謂的聖戰、神戰、為天而戰等等。還有些人認為中國所講的天或道是真理，這種觀念也是謬誤的。我們不要把某個特定的形式、形象或模式稱為天或道，堅持這個特定形象就是錯的，不予堅持而給一個抽象名詞則無所謂。

佛教講諸法無常，而且無常的東西時時變化、處處變化，整個宇宙處在錯綜複雜的情況下，因緣生、因緣滅，時時刻刻在生滅變化。所以，一定要講真理的話，無常大概就是真理吧！因緣的變化大概就是真理吧！但是堅持無常的觀念也是錯的。事實上有人誤解了無常，正確的解釋必須來自日常生活、人間現象，以及個人經驗的觀察，當你發現一切都在生滅變化之中，沒有永恆不變的東西，你就體驗了無常。

無常並不可怕，但一講到無常，一般人會覺得很悲哀、很落寞、很淒涼、很無奈。相反地，對禪師和悟者而言，他們的心胸非常開朗豁達，任何時地都很安穩自在，因此無常的現象在他們眼中非但不可怕，反如滿山繁花，一片織錦，又如山中澗水，明湛清澈。你要看無常嗎？這就是無常！你要找真理嗎？這就是真理！真理就是無常，無常就是真理；在哪裡呢？處處皆是！

山花開似錦
澗水湛如藍

日面佛・月面佛

問——馬祖禪師病得很重，寺院管理人來探病，問他身體如何，馬祖說：「日面佛！月面佛！」據說日面佛的壽命是一千八百歲，月面佛的壽命只有一天一夜。馬祖禪師這麼回答，是不是表示：「如果你問的是法身慧命，那長得很；如果你問的是肉體生命，那就很短暫了？」

答——這個公案頗有意思！寺院管理人來探病，馬祖說你不要擔心我，做日面佛也好，做月面佛也不錯，活一百歲、一千歲都一樣。如果說我長壽，我可能活得比你想像的還要久；你也不要怕我短命，也許我活得短暫到讓你措手不及。

肉身總不免要敗壞，若能運用肉身，使之對自己的法身慧命有益、對眾生有利，如此活一天也等於活一千年、一萬年以至無窮盡。如果活著而法身的功德慧命修行沒有成長，對眾生也沒有幫助，活著也等於沒活，還不如認真地活一天就好了。

「日面佛，月面佛」有多層意義。你說我是什麼就是什麼。你說我馬上就要因病過世也可以，你說我活得無止境也可以，因為我即使害病也一心不亂，照樣用功修行；生病對我的法身慧命毫無影響，我修多少算多少——修一分功德法身，那一分慧命就延續下去。你不必擔心我害病會如何，一病不起也沒關係，痊癒康復也沒什麼了不得，不要因我有病、沒病而起分別心。

這種心境與胸襟唯大悟之人才有，一般人不易體會。事實上，人的價值不在壽命的長短而在貢獻的大小。作惡之人使社會因他而遭難，這種人活得再久也沒價值。有人活得雖不長，但對人類有極大貢獻，他們的價值絲毫不能用肉體生命的長短來界定。

第九輯

須彌山

風來疏竹

問——明朝洪自誠寫了一本《菜根譚》，其中有一句話：「風來疏竹，風過而竹不留聲。」是不是勸人不要對種種現象產生執著，就像風吹過竹林之後，沒有留下一絲風聲！

答——《菜根譚》這本書的影響很深遠，其中所談的為人處世之道非常豁達而懇切，論點也非常健康，含有佛教、道家、儒家等思想，而且禪意特別濃厚。

「風來疏竹，風過而竹不留聲」是說當風吹過竹林時，竹桿搖搖晃晃，竹枝熙熙攘攘，竹葉嘈嘈切切，但風吹過之後，並未在竹林裡留下聲音。這正是事過境遷或事過而境不留的寫照。

在人的生命過程中，繁葉蕭瑟、起起落落是很尋常而且不斷上演的事。

最近有一位居士剛從美國讀了七年的書回到臺灣，得到一份在大學任教的工作，他告訴我：「師父，我在美國的時候住在小閣樓裡，天熱時沒冷氣，天冷時暖氣不足，經濟又很拮据，必須去打工，還好苦難已經過去了。」日前又遇到一位昔日的學生，到比利時留學之後回母校教書，我見他很憔悴，問他怎麼回事，他說：「我非常緊張，要準備課程，要應付學生，要適應環境。我不會做人，很辛苦。」

我舉這兩個例子是在說明時過境遷、事過境遷，而且時時刻刻都在時過境遷、事過境遷的經驗裡；非但如此，我們也時時刻刻面臨新的狀況和考驗，老是有風來吹你的竹子。

在自然現象中，風來的時候竹子也許被吹得七歪八倒，吹過之後竹子不再發出聲音，不會記著它被風吹過，也不會擔心還有風吹來，更不會恐懼被風吹出什麼後遺症；被吹就是被吹了，竹子毫不在乎。但事實上風還是會來，一陣一陣地，竹葉也許被打碎，竹桿也許被吹折——痕跡是留下了，但風聲不會留下。

人的一生多半如此，但不要老是埋怨風把我吹成這樣，也不必懷念和風徐徐的時候；吹過就吹過了，心裡不留痕跡，這是「無心道人」的境界。當面對任何情況時，心中清清楚楚，知道面臨的是什麼，能處理的就處理。事情過了之後，不必對當時的榮寵洋洋得意或眷戀，也不必對當時的落魄鬱鬱寡歡或喪志。風已經吹過了，還有什麼聲音呢？

始隨芳草去

問——長沙景岑禪師到山上散步，回來時寺院管理人問他去了哪裡，長沙說：「到山上散步去了。」院主又追問：「去哪裡？」長沙答：「始隨芳草去，又逐落花回。」好似整個時空都任他徜徉，這種心境真令人羨慕。請師父開示。

答——禪師所懷抱的心境一片和風煦日，沒有狂風暴雨；禪師所體驗的世界一片光天化日，沒有黑暗罪惡。並不是這世界沒有狂風暴雨和黑暗罪惡，而是他的心不受外在環境影響，永遠安詳、穩定、慈悲、寧靜、光明磊落。所以，不論他面對什麼樣的世界，他的心境始終自在安閑。

長沙禪師到山上散步，也許是隨意走走，活絡筋骨，不一定是特地為了欣賞山光水色、自然美景而去。可是院主沒有開悟，認為他可能去了某個地方、遇到了某個人、見到了某個景，應該有什麼特定的目的或收穫。長沙禪師告訴他：「始隨芳草去，又逐落花回。」在他眼中，到處都是盎然的芳草，有芳草的地方他就踩著去；在他眼中，滿地都是繽紛的落花，他就是踏著美麗的花瓣回來的。心境悠然無滯，步步都是芳草和落花。這兩句話烘托出長沙禪師內心的無邪，毫無執著罣礙。一般人在心情愉快的時候可以體會這個境界，但要做到如他一樣就不容易了。

明珠一顆

問——宋朝的茶陵郁和尚寫了一首開悟詩：「我有明珠一顆，久被塵勞關鎖；今朝塵盡光生，照破山河萬朵。」請師父為我們解釋這首詩的涵義。

答——這首詩是在告訴別人他的修證工夫，而不在於明志。

「明珠」在很多經典中都提到，有的說如來的髮髻中有一顆頂珠；有的說心中藏著明珠，叫「心珠」；有的說海中驪龍的項下有夜明珠；又《法華經》裡有個故事，一位長者在出遠門之前怕孩子將來窮困，暗中在他的衣服內縫了一顆無價寶珠。

這些明珠指的都是佛性、智慧之光、慈悲的功德，是本來即有而不是誰給予的。但是這顆明珠長久以來被煩惱的塵勞關鎖，正如眾生在凡夫的階段被煩惱所蒙蔽。而今，煩惱的塵勞全都消失了，明珠的光芒就此顯現。

然而，這顆明珠不僅是小小的夜明珠而已，它可以照遍三千大千世界無量國土；只要衆生需要，它就能照到。而且，它的光芒不僅能照亮黑暗成光明，甚至能照破它所遍及的一切——照破如花的山河，照破千萬朵山河的碎片，照破宇宙世界種種現象！也就是說，在煩惱斷盡的一剎那間，山河大地宇宙萬有的種種執著都放下。此時內在沒有自我，外在沒有環境和他人。但是不是真的什麼都沒有？不是！而是對環境和他人不起怨瞋、愛恨、善怒的執著。

這是一種開悟的體驗和感覺。

不怕念起，只怕覺遲

問——「不怕念起，只怕覺遲。」這句話似乎用在禪修居多，只要一發現自己在打妄想，就立刻回到方法上；如果一任自己隨著妄想走，恐怕這樣的修行只是在浪費時間吧！請師父為我們開示。

答——這兩句話常被用來提醒禪修者。修行人應該時時注意到自己的念頭，但正在用功時往往不那麼清楚念頭的來去。打坐一定要用方法，比如數呼吸、數佛號、參話頭、修不淨觀等等，心念牢牢地、不斷地用方法，這並不是念起。此處的「念」是指雜念妄想，比如念佛時想到肚子餓了，計畫煮某種東西吃；打坐時想到某某人，或者出現一幕又一幕的畫面，連續劇上演了自己還不知道。這叫念起，而且是連續的念起。但是念起沒有關係，只怕覺遲，要立刻警覺到自己在做白日夢、在打妄想，趕快回到方法上，用你正在用的方法。

「不怕念起」不是說你應該有念頭生起，而是說剛開始用功修行的人要他不起雜念很難，如果老是擔心有雜念起、討厭有雜念起，雜念起後老是怨恨自己不用功，這也不該。如此一來雜念更多，時間也浪費得更多。所以能不打妄想最好，

如果做不到，退而求其次，不要故意打妄想。對不會用功或不常用功的人來說，打妄念就是打妄念，胡思亂想就是胡思亂想，他不知道自己在胡思亂想，遑論回到方法上，這就糟糕了。所以，知道自己在胡思亂想是很好的。

對一般不修禪法的人，這兩句話也用得上。不要怕犯錯，不故意犯錯就好；時時警覺自己是否犯了錯，一旦有錯馬上改正。即使普通人，在生活中要做到一絲邪念、惡念都沒有並非易事，但一發現有邪念、惡念就要立刻停止並加以糾正。這樣的話還是個好人，是能夠提昇自己的人。

丹霞燒佛

問——丹霞天然禪師路過一座寺廟，由於天氣很冷，就把佛殿上的木佛燒來取暖。院主看到了，大罵丹霞忤逆，丹霞很平靜地說，他燒佛像是為了得到舍利子。院主又罵：「這是木佛，怎會有舍利子？」丹霞說：「既然如此，那再拿兩尊佛像來燒吧！」丹霞禪師是什麼用意呢？

答——丹霞燒佛在禪宗史上是非常特殊的公案，歷來只有他劈佛烤火，其他禪師沒做過。是不是他瘋了？不是！丹霞並沒有逢廟燒佛，他僅燒了那麼一次，就成了千古奇聞，讓很多懂得佛法、禪法卻似是而非的僧俗「清客」（清談者）當口頭禪，而傳誦不休。不但如此，只要稍具佛教常識或讀過幾冊禪宗語錄、公案故事的人也都知道這個公案。

丹霞為何燒佛？有禪師說：「泥佛不渡河，鐵佛不渡爐，木佛不渡火。」他沒燒過佛像，這話是告訴人：拜佛供佛是形式、偶像、心外的，真正的佛在心內坐，在自性中。如果相信心外有佛那就有佛，但不能認為偶像就是佛。

絕大多數信仰佛教，拜佛、供佛的人都少不了一尊泥塑、木雕、銅鑄、鐵打、丹青彩繪的偶像，其實那只是工具，並不能代表佛的功德和全體。佛像本身是沒有靈性，但可以做為一種工具、道具、法物或法器來幫助我們修行，如同經典本身沒有功能，若能運用經典中的內容來修行與實踐，經典就產生作用。因此，僅僅拜佛、供佛是沒有用的，必須同時實踐佛的精神、理念、心行、功德、慈悲和智慧，才是真正在拜佛、供佛。

丹霞燒佛只是為了破除一般人把物當成佛的謬誤，若能體會他燒佛的本懷就會了解他的行為其實很自然。他是用燒佛做為手段和方便，幫助別人斷煩惱、破執著、見自性、明佛性，沒什麼不對。不過，如果他燒了百尊佛、千尊佛卻沒有利益人，則燒佛就太不經濟了。那是對藝術品的破壞、對人工的浪費、對自然資源的耗損，萬萬不應該！

羅漢一句

問——有和尚問羅漢桂琛禪師：「如何用一句話來代表禪師你呢？」禪師說：「如果我說出來的話，就成了兩句了。」我就是我，說出來就不是我了。羅漢禪師是這個意思嗎？

答——後來有人爭論羅漢這一句也是多餘的，應該言語道斷，不留痕跡。講一句、兩句、千句都一樣，全都落於語言文字，也就是第二義諦。第一義諦則是不用語言文字，須親自去體驗。

其實，羅漢這一句也沒什麼錯，一句就是一個道理，沒有其他。如果羅漢能言善道，常逞巧辯，問一句答百句，那是隔靴騷癢，兜著本題打圈圈，並沒有一針見血。但是羅漢非常精簡，斬釘截鐵只有一句，沒有下一句。世間的事只要點一下就懂了，也就是一葉知秋、觸類旁通；甚至不一定要用到話語，做個動作、使個眼色，或是觀看一草一木、一沙一石都可以。只在一句上著力，就處處著力，反之一句不著力則處處皆落空。羅漢一句表現得非常紮實，非常肯定，信心十足。所以不必問：「還有嗎？還有嗎？」因為全都告訴你了。

至於關鍵語是否一定要有呢？有的禪師一生中只講同樣的一句話，其實不一定需要關鍵語做為敲門磚或探路棒，禪師往往只用一句不拘形式的話，一點一撥立刻使學生有所悟、有所見。

除了羅漢一句話，世人也只要一句話就夠了。我演講時常勸勉聽眾，對我講的不完全懂沒關係，懂得一句，照樣受用無窮。就怕連一句也沒聽懂，那就太迷糊了。

泣露千般草

問——「泣露千般草，吟風一樣松」是寒山的詩句，在其中似乎感受到了涵容一切、平等對待的精神。請師父為我們解說。

答——寒山禪師看到的是平等、普遍的存在，而且是那麼美、那麼和諧！他的生活非常簡樸，每天與山林為伍，沒有五光十色的人間萬象，寫詩的題材全來自山中的草木雲石。

「泣露千般草」，露水如淚撒在各種各樣的草上，草有大有小、有高有矮，有的帶刺有的柔軟。他看到露水那麼平等普遍地照顧到所有的草，絕不會對喜歡的草多給一點，不喜歡的草少給一點。露水沒有自我，沒有執著，使任何草都得到滋潤。而人間有所謂的勢利眼，對有勢有利者趨炎附勢，對失意潦倒者避之不及。佛法的證悟者不會有這種差別觀念，任何人有需要，都盡其所能幫助他。

「吟風一樣松」的涵義也類似，只不過表達方式不同。風吹過松林時，不論老松小松、彎松直松、胖松瘦松，風都會讓它發出聲響。風沒有選擇要吹哪一棵、哪一棵不吹；也沒有想到吹哪一棵會比較好聽、哪一棵吹起來比較難聽。只要風經過的地方，每一棵都被吹到，也都會發出聲音；而每一棵所發出的聲音不盡相同，風卻不會因為松的反應各各不同而有所選擇。

悟後的人對衆生一視同仁，不會因為反應的多少和大小而產生分別心。有人心性頑劣、惡性重大，即使花很多的心力和時間也不一定能感化他。有人資質聰敏、一心上進，只需花少許心血就能教導有成。對開悟的禪師或有慈悲智慧的佛教徒來說，不論對方是怎麼樣的人，不論對方如何回應對待，都一樣去幫助他。這就是「吟風一樣松」的意思。

寒山可能沒料到這兩句詩被用來形容世人平等慈悲的態度，但他如果來到今日的塵世，也會有這種精神的！

須彌山

問——有和尚問雲門文偃禪師：「修行到不起一念的境地，還有沒有過失呢？」禪師答：「須彌山。」雲門是說這個過失就像須彌山一樣大嗎？一念不起不是打坐修行的人所追求的境界嗎？為什麼雲門說他大錯特錯呢？

答——是誰在一念不起？從禪師的角度看，講一念不起的人僅停留在世俗知識上的一個觀念。其實他心中的我執就像須彌山那麼大，而且牢不可破。

須彌山是佛經中的傳說，是三千大千世界的中心支柱，四面有日月星辰和四大部洲，地球在其南邊，山頂上有三十三個天空，天空之上還有一層又一層的天空，可見它大到無極無限。

雲門禪師用須彌山來告訴問話者：你不要說一念不起，實際上你的執著就像須彌山一樣巨大、一樣牢固。所謂執著是指「我」、

「我見」、「我執」和「自我中心」。佛經中說邪見易破，比如本來不信因果，一旦信了因果，邪見就沒有了。可是要破「我見」很困難，必須破除「根本煩惱」，也就是破除貪、瞋、癡、慢、疑以及「我」之後，「我見」才能破。只要自我中心、自我觀念還存在，「我見」依然存在。

事實上，一念不起本身就有問題。修行人如果雜念紛飛固然不好，集中一念已經不容易，表示已入定。如果一念不生，相對地也要一念不滅才對。僅僅是一念不起或執著一念不生則可能變成唯物主義、自然主義或虛無主義的哲學或宗教，不是佛教所講的不生不滅的涅槃。不生不滅的涅槃並不否定一切身心現象，可能身心現象都還在，就能實證涅槃。

如果一念不生是指妄念不生，那麼還有一念是「定」，不是一念不生。說一念不起的人本身就有那個念頭，而且還在發問呢！怪不得雲門說這一念如須彌山那麼大，代表的就是發問者的「我」。

對一般人而言，一念不生是死人；對修定的人而言，一念不生也不是很好的事；注意一念而不感覺一念是定境；完全沒有念頭則可能變成無想外道、無想天，其實還是有我，就是「我沒念頭」的這個我。這種存在已非一般人的感官所能體會，必須有很深的定才能察覺有「我」在。但是，有「一念不生」經驗的人，往往自以為「已經沒有念頭」、「已經沒有我」，這是很麻煩的事，它使人停止不前，不願繼續努力以達「般若空」的境界。

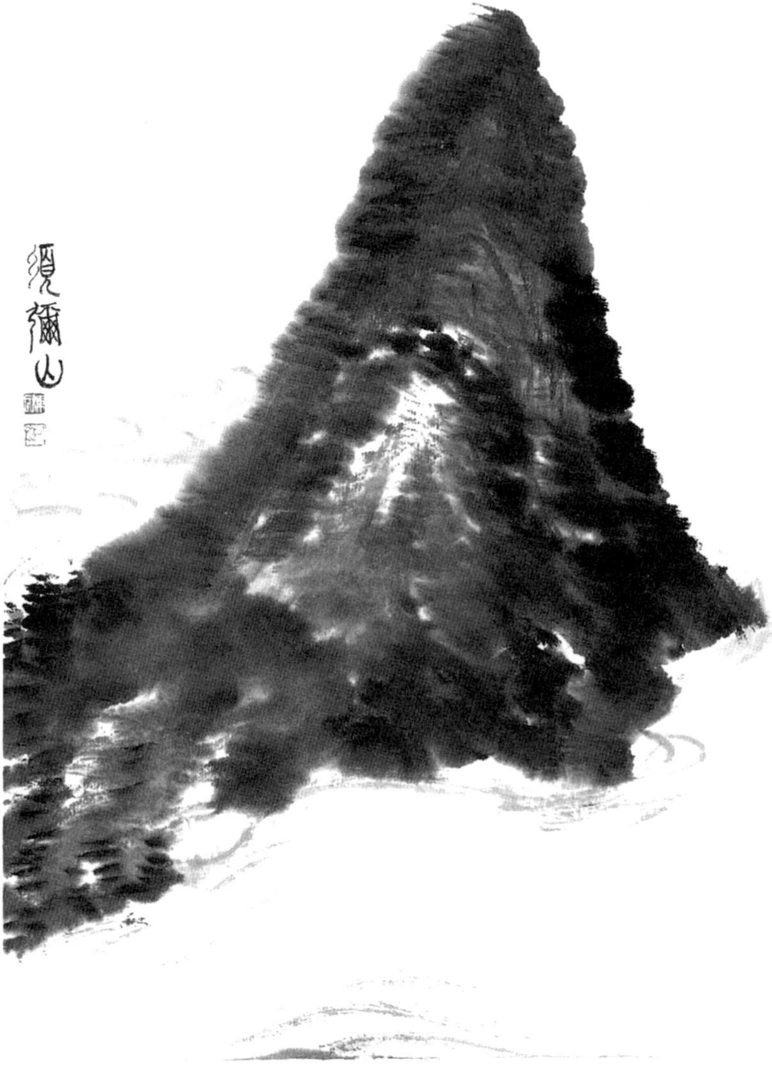
須彌山

天是天．地是地

問——雲門文偃禪師對弟子們說：「你們別老是妄想，整天思索那些大道理。其實天還是天、地還是地，山還是山、水還是水，僧還是僧、俗還是俗。」雲門這麼說，是叫人不要迷失在思辨裡嗎？

答——如果對佛經內容或語錄公案從邏輯上、思辨上、理論上加以理解，還是有助益的；但若只拘泥於這些觀念的研究，拐彎抹角、挖空心思去猜測、揣摩、思考、推敲，這跟禪的修行和智慧的開發並不相應。

有些人認為現象的表面不是自己所要追求的，因為現象是無常的、變幻的、虛假的，不是永恆的、可靠的。能體認到這一層已經不錯了。有這種想法的多半是修行人，希望更深一層從現象的背後、現象的內在以及現象之上追求永恆、自在、安穩的境界，以之為佛國、淨土、涅槃。其實這種想法是錯的，所以雲門說你們不要捨近求遠，不要捨去現象尋找本體，不要離開現實追求理想；你要追尋的處處現成，俯拾即是。

所謂「現成」，有人認為是統一和無相。統一即一切人事物皆平等，也就沒有你我、好壞、多寡之分。無相即一切現象皆無常，應該看破放下，結果可能變成厭離世間的消極人，沒有真正幫助和改變這個世界。相反地，悟後的人看這個世間就是佛國淨土，看這個環境就是最美好的地方。而又有些人認為悟後的人大概立足點不一樣、經驗不一樣，所以看到的宇宙萬物也不一樣，這也是錯的。雲門禪師告訴我們，悟後的人雖然心中一切平等——天地平等、眾生平等，但天還是天，地還是地，牛不是人，人不是狗，不會混淆。

所謂修行過程有三個階段：未修行前，見山是山、見水是水，這是普通人對山水的看法。修行非常投入時，見山不是山，見水不是水，這是因為太專注了，心轉不過來，把現實混淆了。待大徹大悟之後，見山還是山、見水還是水，只不過他不會因為山阻礙他就討厭它、水能解渴就喜歡它。悟後的人講話似乎有點反常，但他們體驗到的世間還是這個世間，不同的是自我的執著沒有了，自我的瞋愛放下了。

還我生死來

問——有和尚問雲門文偃禪師：「生死到來，如何排遣？」雲門攤開兩手說：「還我生死來。」和尚問的是如何出離生死，雲門反而說把生死還給我，他的意思是生死之外無涅槃嗎？

答——生死和涅槃在《六祖壇經》中講得很清楚：生死即涅槃，煩惱即菩提。不要把煩惱和菩提劈成兩截來看，把生死和涅槃分成兩面來看，否則都是執著。執著有生死、有涅槃的人，執著離生死、求涅槃的人，都還在生死中。臨濟禪師的語錄說過，求成佛、菩提、涅槃都是生死法，都在造生死業。

開始修行之初，發心求涅槃、發心證菩提、發心將來成佛是對的，因為發願心、立志向對初學者很有幫助。但當你已在修行的途中，一定要放下自我的追求、自我的捨棄、自我的把持，因為這都是生死。要離生死就不要求涅槃，求涅槃反在生死中。這種情形在生活中也有。一心要追求某樣東西，如果立下志願不斷努力，往往求得到。反之老是擔心追不到，老是想著非追到不可，多半會出問題。比如有個男子追到年輕、美麗又多金的太太，一天到晚怕她跑掉，千方百計盯住她、約束她、限制她，結果太太感到不自由、被虐待，本想好好做個妻子，最後受不了，只好離婚。所以，追求過分，想得到的反而得不到，已得到的反而喪失掉。

很多事在自自然然的情況下完成比較好。青年男女自自然然地交往、自自然然地過婚姻生活的不多。不少人在婚前追得你死我活、愛得你死我活，婚後發生問題又吵得你死我活，變成怨家、陌路，甚至鬧離婚。

修行不也一樣？自自然然為了了生死而修行，不要老是怕死求涅槃；怕生死就離不開生死，求涅槃就進不了涅槃。一定要把自我日漸淡化，只問耕耘，不問收穫，自然而然瓜熟蒂落，水到渠成。

雲門說：「還我生死來。」你想求涅槃嗎？涅槃就在生死中。

第十輯

一鉢千家飯

舉即易，出也大難

問——灌溪智閑禪師把他悟後的境界形容為「十方無壁落，四面亦無門」，雲門文偃禪師聽到之後說：「舉即易，出也大難。」他為什麼做這個評論呢？

答——「十方無壁落，四面亦無門」，在空間中自在無礙，自由去來，不為石壁所阻、不為地域所限，四面也沒有任何人來障礙、阻擾、隔絕。有人說這是目空一切、目中無人，事實上這是灌溪禪師對自己心境的描述——世界上沒有能讓他覺得是障礙的東西，也沒有能讓他產生瞋愛善惡的人。可以說，他的心量已可包容整個空間，內心毫無芥蒂罣礙。《金剛經》講「無我、無人、無眾生、無壽者」，既然主觀的自我已不存在，客觀的環境、對立的現象也就沒有立足之處。在這種境界的人似乎遺世獨立，世界對他而言，是如此廣袤而孤寂。但他並不覺得孤單落寞，反而明朗開闊，與宇宙同體。不過，這可以說是開悟，也可以說沒有。「十方無壁，四面無門」，他還認為自己有廣大的心量。

雲門卻說：「舉即易，出很難。」「舉」是把十方四面都包容起來、接收下來、一肩扛起來；「出」是放下之意。心量雖然大，要把它放下來不容易。

十方四面的空間全部承當叫「大我」，把自己放大了，雖然包容一切，但一切都變成自己，要放下很難。這是從禪法的超越觀點來看心量的有無大小，心量大似乎很好，但是還不夠好，一定要拋卻，才能了知它的真實面目。

有些宗教徒或哲學家認定自己與宇宙合而為一，或認定自己把宇宙萬物納入心胸，或融入於其中。凡做如此想法的人，便無從明白「既無內也無外」的境界，他們事實上未曾證入，但卻說自己已經無內無外，還要放下什麼？其實我的執著仍堅固地存在著而不覺知。

寰中天子，塞外將軍

問——有人問緣觀禪師：「怎樣才是認識了自我？」禪師答：「寰中天子，塞外將軍。」如果你覺得自己是君臨天下的皇帝或鎮守邊塞的將軍，也就是說如果你能為自己作主，你就認識自我了。這樣說對嗎？

答——可以這麼說。自我不能沒有，如果沒有自我中心或自我觀，就沒有落腳處或起手處；而一切問題卻也是從自我中心產生的。我們先要肯定有我，但此時不知道我是什麼。

接下來用佛法的觀念來理解，知道自己是虛假的，自我是過去、現在、未來一個又一個的念頭串起來的，也是從過去到現在再通向未來的一連串的行為現象所構成的。如果拆開來看，「我」只不過是一個一個單獨的念頭以及片片段段的行為，其中哪有「我」？但行為也好、念頭也好，若不肯定那是「我」，就不知道如何放下自我。

因此要以修行來體驗「我」是虛妄的幻象；雖然虛幻，但是，從過去到現在卻是連在一起的，一環扣著一環、一念接著一念、一個行為連著一個行為、一生接著一生，生命即是如此延續下來。即使現在的生命不是過去的生命，現在的念頭不是過去的念頭，然而它是從過去接連到現在而且還要連續下去。發現了這個事實之後，知道沒有真的我，假的我則是有的。如果不把假的我徹底放下，就永遠在假的我之中受苦，不得解脫；在煩惱中打轉，自害害人。

有人認為現在的這個我是假的、凡夫身的我是假的，那一定有個真的我嘍！若把假的我看破或解脫，就會有真的我出現嘍！真的我又是什麼？有人說它是涅槃、佛性、菩提。於是放下假的我去追求真的我——這又是另一重執著。既然假的我是虛妄的，真的我也不過是一個觀念而已；如果真有一個真的我，那又是一個笑話！

緣觀禪師說能作主的就是自我，能隨時隨地指揮、掌控、管教你自己，那就是自我。多數人無法掌控自己的身心行為；白天身不由己，做夢時無能為力，要死要生更半點不由人。這就是做不了主。可以作主的才是真的自我，比如什麼呢？——「寰中天子」，也就是擁有天下的皇帝，他發號施令，人人都得聽命於他。又如「塞外將軍」，「將在外，君命有所不受」，他也可以作主。做得了主就是你自己，做不了主就不是你自己；但這究竟是不是真我？「真我」這兩字也不要用，否則又成了執著。

從生至死，只是這個

問——五洩靈默禪師開悟前去見石頭希遷禪師，一見面就說：「你只需說一句話，若能使我有所悟，我就留下，否則就去別的地方。」石頭和尚端坐不動，不發一語，靈默扭頭就走，石頭突然叫一聲：「和尚！」靈默聞聲回頭，石頭說：「從生至死，就只是這個，你回頭轉腦想那麼多做什麼？」靈默當下大悟。石頭禪師所說的「這個」是什麼呢？

答——靈默禪師修行到不知如何是好，希望石頭和尚幫他的忙。古代很多禪修者皆如此。有的自以為開悟了；有的似有頗深的禪悟經驗卻又不能肯定；有的已能肯定但想試探別的禪師的層次，考驗他人也考驗自己。參訪問道者多半已具備開了一隻眼的資格，到處參訪天下聞名或據傳已開悟的人。去時自信滿滿又有點懷疑自己的程度，希望禪師給他一句話。

禪師們都知道開口就錯，沒有開口處。禪宗「不立文字，言語道斷，心行處滅」。也就是不用語言文字表達，不用心念意識去揣摩、衡量和思考。因此當靈默去見石頭和尚，石頭雖答：「從生至死，只是這個。」其實等於什麼也沒講。你想知道的那個，就是我所呼喚的那個，也就是你自己。你的心不能放下，到處追求，以生死心揣摩開悟不開悟，以生死心希望我回答你。我告訴你，你現在發問的這一念就是我給你的答覆。

從生到死，在時間上是一個念頭的生、一個念頭的死；在肉體上是一個生命的生、一個生命的死——都是這個放不下的你。

石頭和尚很明確地叫靈默看他自己，若能一眼返照、回轉自己，發現「從生至死就是這個東西」，那就趕快放下，不再向外追求，不再訪求什麼話。

理論觀念聽多了沒有用，唯有回轉心來向自己看，這一看好比猛錘一擊，把自己的心打碎，那幫助就大了。

一缽千家飯

問——布袋和尚有詩：「一缽千家飯，孤身萬里遊；青目睹人少，問路白雲頭。」請師父解釋。

答——這首詩非常有名，至少在禪宗的僧侶之間常被提起，是所謂閒雲野鶴的生活。可是如果生活像閒雲野鶴，心中對紅塵物欲還是放不下；或者物欲放下了，知見障礙、觀念執著卻放不下，都不能用這四句詩來形容。

「一缽千家飯，孤身萬里遊」，描述盛行於印度和南傳佛教國家如泰國、緬甸、斯里蘭卡等地出家人的生活型態。每天早上在幾條街或幾個村落沿門托缽，但不至於托千家的飯，這是形容沒有固定的寺院，經常在行腳之中。中國只有少數雲遊僧，布袋和尚是其中之一。他具有神異能力，被尊為聖僧，神出鬼沒，居無定所。這種生活方式使人感覺自己只有一個身體、一個缽。

「青目睹人少」，他用非常澄澈、明亮、無染的眼光，也就是智慧的眼光來看人，然而看到的人很少。這句話有雙重意思。在山林野地要遇到人不容易。另一重意思是他用智慧冷靜的眼光看人間，像人的人太少了，也就是說有智慧、有高潔品格的人太少了；而修行人之中，對佛法、禪法有實修實證、正知正見的明眼人也太少了。

「問路白雲頭」，一路碰不到人，遇到的人又不知道路怎麼走，只好向白雲問路了。另一層意思是，像我這樣的人要問道於何人？有智慧、開悟的人太少，在修行的路上找不到伴侶或可以指路的人，只好請大自然來告訴我了。

這首詩很美，畫意濃厚，從中可以體會他的心境，一方面覺得很淒涼，卻又很自在。這首詩雖不是入世的、積極的、人間化的禪詩，但也可以欣賞。

附註：「青目」二字原意爲「青眼」，與「垂青」、「青睞」略同。於中副刊出時，曾有曉風女士及陳鼎環先生的回響，看法各有深度，我要在此致謝！

一鉢千家飯孤身萬里遊
青目睹人少問路白雲頭
乙亥夏日
永模畫

法華轉・轉法華

問——禪宗六祖惠能大師在一首偈子裡說過：「心迷法華轉，心悟轉法華。」是不是說當你的心是迷的，《法華經》可以幫助你；當你悟了以後，一切道理豁然貫通，可以為你所用？

答——「轉」是轉法輪、誦經的意思。一位叫法達的和尚去見六祖惠能，說他對《法華經》下了很多工夫，惠能告訴他，心迷時，心是隨《法華》轉的。

《法華經》共有二十八品，經中叫人讀誦、書寫、為他人說、如法修行。以《法華經》或佛教觀念來說，凡夫依據《法華經》的文字內容去念誦、實行是對的，可以因此悟入佛的知見。也就是說，讓《法華經》來幫助你超凡入聖。

「心悟轉法華」，開悟之後，以所誦的經文來印證自己的內在境界，亦即以自己體會到的佛法來闡釋《法華經》。這並不容易；

一般人如果這樣做是私心自用。許多民間宗教，包括道教在內，用《法華經》或其他佛經去傳道，從鸞壇或自己的神祕經驗來解釋說明《法華經》；換句話說，以《法華經》做為工具去附會自己的觀念或神祕經驗。這也叫轉《法華》，但其中有問題。

以禪宗徹悟者的立場來看任何一部經典，都會感覺這些經典的內容就像是從自己心裡流出來的，自己心中所體驗到的就是經中所說的，也等於是釋迦牟尼佛幫自己說出來的，自己的心目中本來就有這些東西。在這種情況下，用自己的體驗和悟境來看《法華經》，用《法華經》去自度度人。這叫「心悟轉法華」，非常難得。

如果尚未確認自己的佛法知見或尚未確定自己真正開悟，第二句話這樣用是很危險的，是用一知半解或邪知邪見來解釋、運用《法華經》。因此惠能大師說：心迷未開悟時是讓《法華經》來轉變你，開悟之後你就能用你自己來認識、說明、肯定、宣傳《法華經》。

世間亦如此。有真知灼見的智者或自實際經驗有所體會的人，常用古人的經典來幫助自己和他人，但他的解釋和古人有所差異。歷來詮釋四書五經的人也往往因為時代背景不同、學問深度不同、思想境界不同、個人經驗不同而有不同的說法。可見世間的學問跟出世間法也有類似之處。

大道無門

問——無門慧開禪師曾說過：「大道無門，千差有路；透得此關，乾坤獨步。」這四句話聽起來好像是在談論修行的竅門和途徑，請師父開示。

答——《楞伽經》中說：「佛語心為宗，無門為法門。」無門是禪宗的宗風，也是頓悟法門的特色。我們常聽說「條條大路通長安」，也曾聽說佛法法門有八萬四千之多，只要一門深入，進入之後門門皆通，皆可獲得佛的無上菩提之道，皆能成佛。這是對的。就禪宗而言，如果有門可入，入的是小門，不是大門；有門可悟，悟，不是一悟永悟。因為既然有門就有內外之分、大小之別、人我之異。如果你修你的門、我走我的路，這一定不是無邊寬廣的大路。

「大道無門」的意思是指頓悟的法門，是沒有門。「千差有路」則是修漸悟法門，且有很多的門路。「透得此關，乾坤獨步」，此處的「關」是無門關，能進入無門這個關，也就能通過頓悟法門，獨步乾坤，天地之間唯你一人。這不是目中無人，不是自我貢高，不是有大我的執著；而是超越於一切境界之上，天上地下根本找不到「我」這個東西，這已經是最究竟的層次。

進入無門之門，就通曉頓悟法門並沒有門。無門之門不易摸到，一旦摸到就是頓悟。禪宗的開悟多半是一悟就悟，也就是頓悟。「千差有路」並不是說在任何一條路上都可以進入無門之門，而是叫你不要找小徑，走漸悟的路。

在此我必須說明，頓悟雖好，也的確有這種例子，但未頓悟之前，必須花很大的心力、很多的時間，來培養善根，否則無門的大道將與你無緣；你不但碰不到，而且無法理解、更使不上力。因此，預備的工夫還是需要的。

無門的大道由菩提達摩傳入中國，歷來修行禪法而頓悟的人並不多。晚近有禪師說，開悟要下三十年鍥而不捨的工夫，不論心行、語言行、身體行等種種行為都必須像個修行人。如此努力三十年，大概開悟有份；否則要入大道，要進無門之門，恐怕距離很遠，甚且是個空想，無法實現。

非去來今

問——禪宗三祖僧璨大師在〈信心銘〉中說：「信心不二，不二信心；言語道斷，非去來今。」請師父從佛法的角度為我們開示「信心」的要義。

答——所謂「信心不二」就是沒有懷疑的餘地、沒有選擇的餘地、沒有動念頭的餘地。「不二信心」是更加強、更肯定這個信心。「二」是二分法，也就是對立的意思。如果存有對立的觀念，表示信心沒有建立。「不二」在《維摩經》中講得最透徹，若能實際體會不二，自我體驗與佛無二無別、與眾生無二無別，真正的信心一定能夠建立起來。也就是說，在實證佛的境界之後，看到凡聖不二、染淨不二、煩惱和智慧不二；世間一切差別現象對他而言都無二無別，不只一體兩面，甚至連一體也沒有，這才是不二。這時，信三寶的心必能建立，因為自己的心跟三寶也是不二的。

「三寶」是釋迦牟尼佛、釋迦牟尼佛所說的法，以及正在修行釋迦牟尼佛所說的法門的出家人。在尚未實證佛的境界或親見佛性之前，三寶是心外而不是心內的；如果親自實證佛跟我無二無別，三寶就變成內心的東西，是本來就具備的東西。比如開悟前看《法華經》，《法華經》是心外的東西；開悟後看《法華經》則是自己心中流出來的東西。

這種信心建立之後，會變成一個心不動的、無私的、無閒是閒非的人。自己該做的已全做完，別人的工作成為他的工作。無內無外，無自無他，客觀與主觀是同一個東西；他會有無限的、平等的慈悲去度眾生。

「言語道斷，非去來今」，這不二的信心究竟是什麼呢？我無法用語言說明；而且這個信心不會因為你過去沒修行、沒開悟就離開你，也不會因為你現在修行了、開悟了就來找你。它既不是因你開悟而來，也不是因你未悟而去；它本來就跟你在一起，如來如去，不來不去。

僧璨大師這四句話相當深奧，可以說是〈信心銘〉的關鍵語。

兩頭俱坐斷，一劍倚天寒

問——日本一位將軍在出征之前去問來自中國的明極楚俊禪師：「在生死交關的時候該如何？」禪師說：「兩頭俱坐斷，一劍倚天寒。」他的意思是不是說，把生死對立的觀念放下之後，本來面目自然就出現了呢？

答——沒有錯。貪生怕死是人之常情，也是動物的本能。軍人也好，老百姓也好，都有死亡的威脅。軍人要上戰場，經常在生與死的邊緣討生活，所以對生死的敏感度很高。雖然保家衛國是職之所在，但生還是生，能不死最好，所以這位將軍去問明極禪師對生死的看法。其實生死的問題對禪修者而言，同樣值得探討。

禪宗勸修行人把念頭分成兩個段落：第一階段，要有生死心；第二階段，要把生死心斷掉。有了生死心就會自我警惕，不努力用功的話，萬一下一口氣上不來，怎麼辦？來生是否還有機會修行？

因緣一旦錯過，萬劫不復；因此要及時努力、立即修行。這是生死心的作用。到了第二階段，在非常用功的情況下，必須斷絕生死心。不要擔心自己這樣修行會不會餓死、渴死、累死、睏死，或者自然界的蚊蟲風雨、酷熱嚴寒會不會把我整死。身體有病也不要害怕，不要去想是不是把它調養好再來修行。這些念頭就是怕死，怕死就不能解脱。只要這麼想——軍人是在沙場，法師是在講座，禪師是在蒲團——此時生死已放下，不再有恐懼。既無恐懼也就無煩惱，心中會明朗起來，很快就開悟。所以，把生死看破才能解脱生死。

「兩頭俱坐斷，一劍倚天寒」，把「生」一劍斬掉，把「死」也一劍斬斷，中間什麼也沒有了，只剩斬掉生死的那把劍。這把劍像虛空一般廣大無邊，也可以説全虛空就是一把劍，生與死根本沒有機會存在。一遇到這把劍，對死亡的觀念、憂慮、恐懼不見了，對生的欲求、貪念、執著也沒有了；生也斬掉，死也斬掉，這就是大智慧、大決心、大信心。

我們做事若能兩頭俱截斷，一定成功。這跟冒險不同，冒險是沒有把握而去做，這卻是放下生死問題而朝目標去努力。它富有冒險精神，但比冒險安全、可靠、踏實。

浮生若夢

問——司空本淨禪師寫過一首偈子：「視生如在夢，夢裡實是鬧；忽覺萬事休，還同睡時悟。」他把一生視為做夢，夢中吵吵嚷嚷忙忙碌碌，一旦開悟就像從夢中醒來，萬般皆休。禪師們對「浮生若夢」的看法究竟如何呢？

答——永嘉大師〈證道歌〉裡也談到夢：「夢裡明明有六趣，覺後空空無大千。」眾生在人、天、阿修羅、畜生、餓鬼、地獄等六道，或上升或下降或轉生，出生入死，死了又生，此生到彼生，一生又一生。在生死過程中其實是在夢中，那是生死夢。一旦開悟，會覺得是從一個好長的夢裡醒來，心中開闊明澈無罣礙。從夢中醒來之後，對生死、自我不再執著，也就離開生死；離生死叫大夢初醒或大夢已覺，佛就叫「大覺者」。所以凡是證道、悟道的人就是從夢中醒來的人。這是禪宗對夢的看法。

司空本淨禪師這首偈子也有類似的體驗。「視生如在夢，夢裡實是鬧」，從生到死就像在夢中一般，而且在其中忙忙碌碌、又吵又鬧，煞有介事。有的是身在鬧，有的是心在鬧，有的是身心皆鬧。參與交際或社會活動時，身體鬧；即使不參與活動，如果思慮多、煩惱重，心也照樣鬧。可是一旦開悟，悟人生如夢，悟生死如夢，悟三界如夢，悟凡夫徹頭徹尾、裡裡外外全是夢，那就醒過來了。此時萬事皆休，夢中一切鬧的現象全都不見了。只要心一停，心外的也停；心中的我一消失，心外的環境絲毫不對自己起干擾。身心脫落，如釋重負！

一般凡夫俗子能否體會到這個事實呢？活著的時候汲汲營營、你爭我鬥，到最後再怎麼放不下也得放下，要不然去殯儀館或墳場看看就知道了。可是那些人醒了沒有呢？大概沒有！醉生夢死很可惜、很可憐。若以有用之身奉獻自己成就社會有多好，雖然也是在做夢，做這個夢還比較有意義。

臥時即有，坐時即無

問——有和尚問石霜慶諸禪師：「聽說佛性像虛空，這對不對？」石霜禪師答：「臥時即有，坐時即無。」你睡覺的時候有佛性，打坐時佛性就沒有了。石霜是不是在點他：「你明明知道佛性無所不在，還有什麼好問的呢？」還是告訴他：「你以平常心看待佛性，它就有；你一定要追求的話，佛性就沒有了。」

答——禪師講話總是很難捉摸。趙州從諗禪師也講過「狗沒有佛性」，《涅槃經》明明說衆生皆有佛性，這是常識。趙州不是不知道，而是對發問的人下了這帖藥：「你明明知道還要問！好，我告訴你狗沒有佛性，你自己去想想吧！」如果發問者回過頭來思索：「有無都是執著，有無是不二的，有無是同一個東西，有無只是語言上的遊戲。禪師這麼說是叫我放下。」那他就開悟了。

石霜禪師說躺下來時有佛性，坐著就沒有，跟趙州的「狗子無佛性」有異曲同工之妙。當你躺下來休息，不再執著於追求佛性，心中無罣無礙、無憂無慮、自自然然，佛性就在那裡，而且根本沒有來也沒有去。當你想藉打坐修定以開悟見佛性，這是造作，是「我」的追求；你追求時反而見不到它，等於沒有佛性，所以你還是放下一切吧！放下時就會發現佛性是什麼、到底有沒有。然而有與無不過是戲論，只要去體驗就好。

懷讓禪師曾告訴馬祖道一：「磨磚不能成鏡，打坐豈能成佛？」六祖惠能也說：「憎愛不關心，長伸兩腳臥。」只要心中不存對立的觀念，一片自在安閑，就可以把兩腳伸得長長地睡覺。佛性天然地、本然地、自然地就在那兒，一執著就不見了。這是禪宗的修行態度，一般人是否用得上呢？如果不多少具有人格修養、精神修養、學識修養，恐怕不容易。

拚命三郎型的人，衝、追、吼、搶、鬥，見了人就打，看到東西就要；這些人或許可以得到小的名位、小的權勢、小的利益，卻不可能做大事、成大業。那些謙和憨厚的人，看起來不像要追求什麼，卻能涵容、付出、奉獻，往往得大成果。正如老子所言：「既以為人己愈有，既以與人己愈多。」在這方面禪宗近乎老子。做人有點禪的修養和道家修養非常好，西方的有識之士也已經體認到這一點。西方人凡事以利益為前提，不論小我、大我皆如此；看起來很不錯，但他們已發現這是很痛苦的事，不能得到身心的安寧。所以，許多對西方文明感到失望、對西方哲學感到無奈的人，已在試著接近、接受、享受禪的哲學和修行。希望這些禪語的解說能對臺灣及中國的社會有所助益，這一百則也就沒有白費。

國家圖書館出版品預行編目資料

聖嚴說禪 / 聖嚴法師著. -- 三版. -- 臺北市：
法鼓文化, 2016. 08
面； 公分
ISBN 978-957-598-721-3（平裝）

1. 禪宗 2. 佛教修持

226.65 105012533

清心百語 1

聖嚴說禪

Master Sheng Yen on 100 Chan Proverbs

著者 聖嚴法師
插畫 陳永模
出版 法鼓文化
總審訂 釋果毅
總監 釋果賢
總編輯 陳重光
編輯 林文理、李書儀
封面設計 黃聖文
內頁美編 小工
地址 臺北市北投區公館路 186 號 5 樓
電話 (02)2893-4646
傳真 (02)2896-0731
網址 http://www.ddc.com.tw
E-mail market@ddc.com.tw
讀者服務專線 (02)2896-1600
初版一刷 一九九九年二月
三版五刷 二〇二四年四月
建議售價 新臺幣二四〇元
郵撥帳號 50013371
戶名 財團法人法鼓山文教基金會—法鼓文化
北美經銷處 紐約東初禪寺
Chan Meditation Center (New York, USA)
Tel: (718) 592-6593 E-mail: chancenter@gmail.com